短视频文案创作

零基础入门

创意解析+内容策划+写作技巧

闫春红◎著

化学工业出版社

·北京·

内容简介

文案是短视频的灵魂，是吸引观众注意力的磁石。《短视频文案创作零基础入门：创意解析+内容策划+写作技巧》从短视频文案的基础知识和基本操作入手，同时结合时下热门的短视频账号或热门短视频实例，详细讲述短视频的创意解析、策划基础和文案的写作方法与技巧。全书共分为5章，第1章介绍短视频文案的基础知识和创作特点；第2章分类介绍短视频文案创作方法；第3章对爆款短视频文案的策划与创意进行解析；第4章介绍了短视频文案与视频内容及形式策划之间的关联；第5章结合作者的实战经验介绍了短视频文案写作技巧。同时，书中列举了一些热门短视频的文案实例和对短视频达人的独家访谈。

本书可作为行业新手的入门级教材，指导新手踏上短视频创作之路；同时也可供短视频创作者和从业者、管理者参考，助他们快速提高文案创作能力，提升短视频质量，打造高点击量和吸引人的短视频。

图书在版编目（CIP）数据

短视频文案创作零基础入门：创意解析+内容策划+
写作技巧/闫春红著．—北京：化学工业出版社，2024.3
ISBN 978-7-122-45257-3

Ⅰ.①短…　Ⅱ.①闫…　Ⅲ.①网络营销-营销策划
Ⅳ.①F713.365.2

中国国家版本馆CIP数据核字（2024）第048758号

责任编辑：王清颢　　　　　　　　　　　装帧设计：王晓宇
责任校对：李雨函

出版发行：化学工业出版社（北京市东城区青年湖南街13号　邮政编码100011）
印　　刷：北京云浩印刷有限责任公司
装　　订：三河市振勇印装有限公司
710mm×1000mm　1/16　印张14　字数218千字　2024年7月北京第1版第1次印刷

购书咨询：010-64518888　　　　　　　　售后服务：010-64518899
网　　址：http://www.cip.com.cn
凡购买本书，如有缺损质量问题，本社销售中心负责调换。

定　　价：59.80元　　　　　　　　　　　版权所有　违者必究

前言

在今天这个快速发展的时代，新旧事物的更迭令人应接不暇。短视频作为21世纪初衍生的新事物，以令人惊叹的速度普及、流行、演变，如今早已远超休闲娱乐的品种定位，成为知识学习、品牌推广、IP打造、广告带货等一系列认知和商业活动的载体。短视频的内容也从比较单一的搞笑、有趣变得丰富多彩，并且还在继续快速裂变中。

短视频的发展可以粗略地划分为三个时期：野蛮生长期、定向规划期、优质发展期。在野蛮生长的初期，有些平台和个人为了获得流量，大肆创作和推广各类抓人眼球的内容，对内容和意义未作规范，以致有些粗陋、鄙俗、虚假的视频出现，这一现象到现在依然存在。到定向规划期，各大短视频平台开始以长期发展的思路对短视频内容进行规划和引导，这时期短视频的发展开始进入正轨，越来越多的创作者有章可循、有法可依，作品也不再是昙花一现，而向着有长期留存价值或商业前景的方向发展。我们欣慰地看到，观众们的审美爱好正在悄然发生变化，从以前的追求视觉快感，渐渐向要求内涵、质量、美感转变，这个信号促使短视频行业开始注重优质内容，正式进入优质发展期。如今，短视频行业方兴未艾，正在各方力量的推动之下如火如荼地提升自己的质量，向更高层次、更具生命力的方向进发。

同时，短视频的受众市场依然在高速扩张中。据中国互联网络信息中心2023年发布的第51次《中国互联网络发展状况统计报告》，"全国行政村已历史性实现'村村通宽带'，从东北雪原到海南三沙，从世界屋脊珠穆朗玛峰到独龙族居住的大山深处，甚至时速350公里的高铁上也实现了信号覆盖。我国网民规模达到10.67亿，互联网普及率达75.6%，固定宽带和移动网络平均下载速率在全球排名分别是第3位和第8位。"网络技术的发展和普及让短视频持续高温爆火，短视频的功能也不再局限于休闲娱乐，而是被迅速地挖掘、放大、分散，触角延伸到生活、工作的方方面面。

随着越来越多的人加入短视频行业，短视频的创意、运营、推广被高度重视，但短视频的文案却往往被忽略。正如前文所说，当人们的审美水平提升，短视频创作也将越来越多地向优质内容靠拢，这时候文案的重要性就越来越凸显。所以，对新入行的创作者们来说，掌握短视频创作规律、学好短视频文案写作对长远的发展至关重要。

在短视频行业良莠不齐的今天，一直在努力，成果却不理想的创作者们也应该反思，在文案方面是否下到了功夫？对文案的蓝图规划、思想引领、视觉冲击等功能是否认识到位？

本着正本清源、探讨推动短视频有序发展的目的，本书将对短视频文案的功能、创作心法、创作技巧以分类的方式详细进行剖析，同时辅以大量案例和实际采访到的短视频头部创作者，为读者提供尽可能多的参考和启示。

短视频并不是全新的物种，它具有影视、长视频所拥有的共同基本特征，其中细化的类别也可追根溯源找到同款。因此，电影、电视的创作有大量可供短视频创作借鉴的方面，本书将对这些方面进行"跨界"融合分析，以方便读者在借用专业影视实践技巧的同时，找到短视频独特的运作规律。

同时，本书作为经验和实践感悟，不能做到面面俱到，对短视频的分类也没有强求严谨和学术化，而是依照约定俗成和大家的习惯加以界定，以便于新手创作者快速切入。但在诸多"方便"的基础上，本书秉承专业和实用并驱的宗旨，以期用专业性最大程度地帮助读者。

目录

前引

　　一个优秀的短视频是"拍"出来的，更是"写"出来的。对于注意力越来越稀缺的观众来说，文案可以简短，但要精彩有效、一针见血、力透纸背，是画龙点睛一样的存在。

第1章

好的短视频是"写"出来的

1.1 短视频：
与时代同频共振的影像记录方式

在短视频成为社会潮流之前，影像的表达权一直掌握在专业机构手中，昂贵的机器、庞大的创作团队、复杂的后期制作，这些都让普通民众望尘莫及。而科技的发展改变了这一切。互联网提供了传播渠道，智能手机提供了简易创作条件，各视频平台推动打开了市场，在各方力量的促成之下，短视频以迅雷之势蔓延生发，其功能也早已超出休闲娱乐的范畴，而成为学习活动和商业活动的重要组成部分。

当然，科技和市场因人而来，也是为人而去。社会潮流之所以向着短视频方向发展，是因为这是大众需求所在。相信大家在工作和生活中会有这样的感触，即使不从事专业短视频创作，也会常常被要求用短视频进行各种表达，如工作汇报、形象宣传、专题总结，或者婚礼前的氛围短片、家庭成员之间的趣味瞬间分享……也正是因为这样的多种需求，导致社会整体表达进入"短视频化"，其特点即：喜欢用视频展示，而且要简短精悍。

因此，不论是专业的短视频变现，还是简单的工作和生活需求，了解一点短视频的创作规律和文案写法都大有裨益。这不仅是现实的需要，更是一种以年轻化心态融入社会的思维方式。毕竟，在一个讲究网感、"玩梗"的时代，不会一点热点技能如何能跟上时代的脚步呢？

本节将梳理各种概念现象和观众们的心理需求、审美观点，在此基础上讲解短视频创作尤其是文案创作的底层逻辑。

短视频时代有一句名言："人人都是自己生活的导演"。好的导演需要一个好的编剧，他/她是一个生活的沉淀者、意义的提炼者，更是跟得上时代步伐的创作者。

1.1.1 短视频的概念与创作要领

时代在快速发展，潮流随之此起彼伏。曾几何时，不少人对短视频之"短"持有异议，认为短视频加剧了人们注意力的稀缺和发散，比电视更加让

短视频文案创作零基础入门：创意解析＋内容策划＋写作技巧

人不能思考和回味，是"娱乐至死"的典型代表。话音未落，短视频已经快速更迭演变，更加短的短视频正在刷新业界认知，10秒、5秒、3秒，有的甚至用一张图片、一段音乐和几个文字就打造出爆款奇迹，人们以"小视频"命名它，与小视频比起来，几分钟的短视频都显得太长。

在本书中，短视频是一个较广义的概念，既包括几秒钟的小视频，也包括10分钟左右的精品短视频。如此囊括，为的是让更大范围内的创作者有章可循、有法可依、有案例可借鉴，不受时长的约束。同时，更为重要的一点是，只要不是长篇视频，以"短"为特点的视频都具有类似的特点和创作规律。因此，本书是以主题而不是时长作为分类标准，但同时会照顾和分析时长不同的作品的创作要点。

在电视行业，有一项专门的工作叫作"受众分析"，有一门专业的学问叫作"观众心理学"。与大多数商业活动一样，在项目执行之前，一定要对市场进行摸底和调研，对涉及的受众群体进行分析和定位。脱胎于电视的长视频、短视频皆是如此，要想获得传播力和影响力，要想得到"流量"，就必须对观众心理进行研究。尤其是在经济快速发展、社会观念交织更迭的今天，各种文化现象、社会潮流像浪涛一样一波又一波，如果不明白背后的道理，就只能被动地随波逐流，永远掌握不了主动权，拿不到潮头的优势。因此，我们需要对当下受众群体的审美爱好和习惯特性进行适当分析，以此确立自己的创作方向和目标。

在分析受众审美变迁的深层原因之前，我们先厘清几个正在流行的概念。

（1）短视频

关于短视频的定义之争至今没有尘埃落定，有人认为时长小于15秒的视频叫作短视频，有人认为1分钟以内的也是，有人则界定为5分钟以内的都是，而长达10分钟以上的视频也可见于各短视频平台。一般来讲，短视频是指"一种视频长度以秒计数，一般在5分钟之内，主要依托于移动智能终端实现快速拍摄和美化编辑，可在社交媒体平台上实时分享和无缝对接的一种新型视频形式"（头号玩家.零基础玩转短视频.天津科学技术出版社）。

从定义之争可以看出，大家最主要的争端在于时长界定。而对于学习文案创作的我们来说，时长无须固化，因为决定权在受众和市场。我们需要做的就是理解和接纳市场的多元化状态，并分类掌握各种时长的短视频创作规律，进而从文案入手创作出优质作品。

（2）小视频

当人们还在对短视频的时长争论不休时，一种更短的短视频悄然开始流行，它只有10秒甚至更短，基本在观众面前"一晃而过"，但却以高密度的信息量、强烈的冲击力越来越受大众的欢迎。

那么，小视频和传统的短视频有什么区别呢？从形式上来说，小视频是竖屏拍摄，更适合用手机观看，而传统短视频则是横屏拍摄，更适合用电视和电脑播放；从时长上来说，小视频更短，基本在10秒以内，而传统短视频则相对较长，5分钟左右甚至10分钟亦可；从内容表达上来说，小视频追求最短时间内的最大信息量，由于小视频时间短，它一般都是直击信息核心，不拖沓；小视频追求瞬间的冲击力和感染力，争取"一眼万年"，追求受众的情绪爆点，不追求完整全面，这是比传统短视频更加"反式创作"的一种思路；从风格上来说，小视频追求网感，讲究口语化和随意性，形式活泼自然、不拘一格。

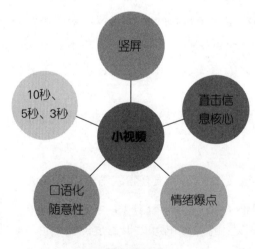

小视频的特点

（3）短视频文案

"文案"一词是一个较为宽泛的说法，既指创作脚本，又指策划、运营类的各种方案，还可以指代这项职业本身。在本书中，短视频文案包括：前期的创意策划、脚本、解说词，以及小视频的标题字幕等文字。

因为演变速度过快，加上信息传播的不同步和不均匀，在短视频领域出现这样一种现象：某A口中所称短视频常常与某B所说的不是一个概念，有的人还没有将小视频单独拎出来的习惯。为了兼顾大多数人，本书将这些统一纳入短视频范畴，同时进行分别解析，以期帮助到更多的创作者。

不同时长的短视频可以容纳在一个屋檐下，这是因为它们有共同的创作规律，众说纷纭之下却是大道至简。那么，它们有哪些共同的底层逻辑和审美特性呢？在小视频迎面冲击之下，这些特性又有何变化呢？

1.1.2　短视频创作的底层逻辑和审美变迁

一般来讲，短视频的底层逻辑具有这样几个特征：碎片化、社交属性、实用性、创意需求，这些特征随着小视频的到来又有了新的演变。

（1）碎片化

经济的快速发展让生活节奏越来越快，导致了一个二段式的"碎片化"心理进化现象：首先是人们的时间被大量的工作或烦杂的事务挤压占用，业余时间越来越少，想要找到一段属于个人的时间，只能从工作和生活的间隙里捡拾一个个碎片；进而因为碎片化地利用时间成为习惯，人们的耐受力越来越差，也越来越不容易进入深度思考状态，喜欢上"短、平、快"的短视频是自然而然的事情，而短视频的盛行又进一步培养和加剧了这种心理现象。

当然，短视频带来的并不都是负面影响，其优势也显而易见，如人们可以利用很短的时间学习技能、开阔眼界、获得休闲和放松，这对当前社会群体来说是一种压力释放和集体狂欢，是保持心理健康和提升自我的一个重要途径。商业活动中的短视频更成为社会经济的重要组成部分。

对于创作者来说，创作也是碎片化的。因为短视频尤其是小视频的随意性，有时只需一个灵感、一个创意，简单的加工之下就能出现一个爆款，这样的创作特性让短视频不再高高在上，而成为大众几乎零门槛的表达工具。

（2）社交属性

从电视的单向传播到今天，短视频不仅改变了影像创作方式，更改变了一个时代的话语表达和交流方式。20世纪的艺术家安迪·沃霍尔曾说过："每个人都有15分钟出名的机会。"这是因为每个人都获得了展现自我的机会，而短视频就是这样一个机会的载体。

短视频平台一般具有这样几个互动功能：点赞、评论、转发。创作者发表自己的观点，观看者可以表达喜爱与否，指尖的操作可以让一个短视频快速传遍全网，形成一个又一个爆款现象。在许多热门短视频之下，评论的精彩程度不输作品本身，而这种反馈与交流不仅促进了视频的火爆，更为创作者提供了进一步创作和修改的方向。这种敞开式的评论点赞、与创作者即时性的交流互动，让观众和创作者都得到了社交需求的满足，也成为短视频的重要组成部分。

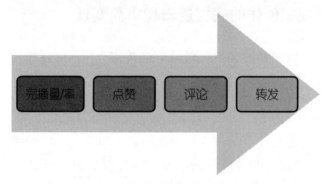

短视频平台算法依据

（3）实用性

当人们渐渐习惯碎片化学习的状态后，短视频的实用性慢慢体现出来，主要有：认知学习、技能学习、增长见闻、获取资讯。

在短视频盛行以前，人们在网络上的学习活动一般依靠培训班、长视频以及直播授课，知识付费领域也主要集中在这几方面。人们一般认为学习是系统性的，很多人都有过喜欢囤课、收藏的阶段。但是现代社会的快节奏却常常打乱这些学习计划，因为抽出完整的时间来太困难了。

短视频的出现一定程度上缓解了这一困境。虽然一条短视频无法表达完整，但是一个账号却可以做成系统，这样把长篇知识化整为零，就可以完成系统性的传达。

同时，还有很多受众并不奢求系统学习，3分钟学会一个技能、30秒弄清一个实用知识，这些零星的知识获取可大大充实碎片化的空余时间。短视频账号讲究"垂直""深耕"，为的就是专注于某个专业领域，增强辨识度和粉丝黏性，充分满足知识学习的需求。

（4）创意先行

短视频时代给了每个普通人出彩的机会，也更加尊重每个人的个性与创意。"每个人都有15分钟出名的机会"，这15分钟靠的就是创意，可以是某项技能的展示、某处奇观的介绍、某个冷门知识的讲解、某个令人捧腹的段子……无论是哪方面内容，一定要在内容或形式上别具匠心、新颖有趣，要达到让人眼前一亮的效果。

创新创造的能力不仅热闹了人间，更成为推动社会前进的动力。短视频就提供了这样一个让大家展示创意的舞台，你方唱罢我登台，人们纷纷展示着每一个"不一样的我"，为社会发展注入新鲜活力。

（5）片段式、直球式表达

从书籍、杂志等纸媒到广播、影视等音像媒体，长期以来，作品有一个基本功的要求，那就是：完整表达。譬如一部纪录片，不仅要有翔实的时间、地点、人物，还要有背景介绍、细节描写以及事件带来的影响作用。为了保持观众的注意力集中和更有新意的表达，在创作上常常采用"悬念""插叙""倒叙"等手法，使作品丰富而饱满。

与长视频的"娓娓道来"不同，短视频的形式通常较为简单直接、通俗易懂。尤其是小视频讲究"亮点即全篇"，它反对细致完整的背景介绍，反对曲折的表述方式，喜欢和擅长以简洁浅白的"直球"方式表达信息核心，常常用三两句话就交代完事件内容，精准实现传播目的。

（6）追求情绪浸染，消解意义空间

从电视行业演化而来的长视频秉持传统，讲究内涵和意义；短视频则"揭竿而起"，讲究新鲜和好玩儿。而当更短的小视频畅行之后，短视频的创作开始有这样一个倾向：放弃完整，甚至放弃意义，作品的主要目的是唤起情绪、引起共鸣、推动点赞转发。

从创作规律上来说，小视频抓住了这样几个创作要点：抓取注意力——唤起情绪——引起共鸣——推动点赞转发。

在这里有一个关键词需要特别注意：**情绪**。一个爆款小视频一定有一个让情绪爆发的"点"，要么感动，要么吐槽，抑或是笑点、萌感、震撼……在小视频的创作中，对情绪反应的要求非常强烈，10秒甚至5秒、3秒的小视频

直奔情绪而去，这直接挤压甚至放弃了深度意义的表达。可以说，从对创作深度的要求，到更加感性的"情绪指标"，小视频推动短视频行业从"眼球经济"进一步走向"情绪经济"。

（7）影像从精英化模式转向大众化表达

不论是影视剧，还是电视台等专业媒体机构的创作，它们的程序都比较完整规范，作品追求精致、完美，创作流程和最后的成品都呈现精英化模式。而短视频则不同，它面向的群体是普罗大众，追求上至老人下至孩子，即社会中的每一个人都能看懂，所以在内容形式上选择更为简单的创作方式。

同时，短视频追求流量，这就要求有海量的作品和大量的创作者。成本的约束和产量的催促使得很多短视频不能像专业机构那样精雕细琢、规范创作，随手拍的视频比比皆是，粗陋型的短视频凭借内容信息也可以全网传播。

作为一个时代的影像记录方式，短视频的受众群体更为大众化、多层次化、立体化；产量需求和成本约束要求创作更为简约——这些因素推动着短视频进一步从精英模式转向大众化表达。

1.1.3 将短视频创作心法运用到工作和生活之中

短视频不仅是一个行业，更是一种思维方式，是紧跟时代而来、勇立潮头的一种表达技巧。因此，短视频除了商业功能，还有很强大的工作和生活辅助功能。

直接运用短视频的场景举例如下。

场景一：工作汇报、形象外宣

不论政府机关还是企业单位，也不论大都市还是县城乡村，用视频进行工作汇报已经成为一种工作模式。人的注意力是有限的，而听汇报的各级领导、参观人员的时间也是有限的，想要在短时间内亮点突出、形式新颖地给大家留下印象和好评，短视频大有可为。

场景二：比赛、演讲、婚礼等活动

在各类活动的展示环节，用精心制作好的短视频进行集中讲述，既能让现场形式多变，增加趣味性，又能将大量信息借助短视频的优势顺畅表达。与此同时，短视频对情绪的渲染功能非常强大，这对活动现场的氛围营造很有助力。

场景三：个人展示、交流互动

网上社交已成习惯，而用简短的短视频进行个人形象展示、情绪表达、信息沟通也越来越成为趋势。短视频有声音、画面、字幕、音乐，注重对感觉的传达，因此表情达意更有优势。"每个人都有15分钟出名的机会"，而短视频则是在网络世界出名的最好"武器"。

除了直接用短视频这种形式，它的创作思维方式和文案写作手法对我们当下的工作和生活也具有指导作用。

（1）高度概括而又不乏生动的写作能力

如何在有限的时间内表达清楚一件事、捋清一种组织架构、进行一个饱满的形象宣传……这是我们在日常工作中常常要用到的写作能力。

短视频的特点在于"短"，它在被要求短时间内高度概括的同时，又要求声情并茂、抽象与具象兼有。在练习短视频创作的过程中，这种高度概括而又不乏生动的写作能力就一同被锻炼了出来。同时，还有很多短视频运用诗化的语言，这对语言能力的锤炼也很有帮助。

（2）提炼亮点的能力

短视频尤其是小视频特别注重对亮点的体现，这背后是一种透过现象看本质的提炼能力，也是一种深谙观众心理的注意力抓取能力。

有的人不论表达还是写文章，抑或创作电视节目，作品总是呈现一种平庸和普通，不明所以者还会辩解"这是因为事件本身没有特别之处"。生活中不缺乏美，而是缺少发现美的眼睛。短视频的创作尤其是文案的写作就是在锻炼提炼亮点的能力，它能让看起来平平无奇的事物一下就有了让人注意和感慨的地方。

（3）一秒抓住人心的能力

小视频的数秒时间无法照顾周全，往往直击信息核心，通篇即亮点，这种"高能"展示方式是对现代社会快节奏状态的一种适应，也是对高焦虑心理的一种消解。如何一下引起他人的注意？如何快速讲透一个信息？如何实现精准沟通？小视频的创作思维方式给我们很多启示。

（4）锻炼段子式的幽默思维方式

段子式短视频非常火爆，而讲段子是一种能力。段子思维中包含对比、反转、自嘲、讽刺等多种表达方式，反映的是一种幽默思维和快乐心态。即使不创作短视频，在日常交流中适当撷取也将会有助人际关系的维护和个人形象的提升。

（5）创意创新的能力

短视频对创意的要求非常高，也正是滔滔不竭的创意推动着短视频快速更迭、演变。学习短视频创作尤其是文案写作的过程，对如何寻找灵感、表达创意将会有多维的体验和锻炼。

综上所述，学会短视频文案创作，熟悉短视频创作模式，不仅可以直接生产短视频，也可以对我们的工作、生活起到很大的帮助作用，还可以改变思维方式和心态，在提高写作水平、提炼事件核心、抓取亮点、幽默表达等方面实现个人提升。

1.2 短视频文案入门：从业余到专业

不论长视频还是短视频，它们的创作都包括前期策划、中期拍摄、后期制作、推广运营等多个环节。对长视频来说，文案的需求主要集中在前期策划和脚本创作两个环节；对于短视频特别是小视频来说，文案除了涉及策划和脚本，还要考虑封面设计、字幕排版、推广话术等多个方面。虽短，其特性却更加突出，也更注重锤炼作者的文案基本功。

正如每门文艺都有其特殊创作规律，短视频也有自己独特的创作要点，它既和长视频有相通之处，也有尊重时代潮流的独到之处，这些差异在文案上更加明显。用简单而通俗的话来说，长视频讲究"娓娓道来""从头说起"，而短视频则侧重于"核心突出""信息爆炸"。因此，如何让语言更具冲击力，如何在有限的时间容纳更多的信息量，如何才能具有广泛而持久的传播力，这是短视频文案需要解决的问题和需要承担的功能。

有初学者想跨界从事短视频行业，往往会对视频业的团队创作和复杂模式望而却步。俗话说：隔行如隔山。但其实只要你拿下几个"山头"，创作就会一马平川。这几个"山头"也并不高不可攀，本节将以通俗易懂的方式，将短视频创作尤其是文案创作的几个关键常识进行介绍，帮助大家在短时间内消化理解一个专业的门类。

1.2.1 短视频文案的种类和基本写法

短视频文案涉及多个方面，本书将与创意有关的文字统一纳入探讨范围，对脚本进行重点分析。

（1）策划文案

策划的目的有两个，一个是用于讨论和确定短视频创作路线，二是向目标客户介绍创意创作构思。

策划文案可以涵盖以下方面：**创作理念、主题阐述、调性风格、形式解析/框架结构、创意解读等**。当然，形式并不是固定的，可以根据需要进行灵活组合、增删。可参见《从零开始学视频文案创作》（化学工业出版社）第1章。

关于××的策划方案

首先介绍本片的用意用途，以及与客户一致达成的创作目标。

一、创作理念

根据背景材料提出创作想法和创作思路，指明创作方向。当有独特创意的时候，在这里解释原因和创意来源。

二、主题阐述

对内容材料进行解读，确立并提出本片核心主题，尽可能用一句话或一个短语来指代主题。

三、调性风格

阐释作品可能会采用的创意风格和整个作品的基调，让客户等读者明白作品的类型特点。

四、形式解析/框架结构

对作品的主线辅线、形式结构进行解读，必要时用关键词、小标题辅助点明。

五、创意解读

在对形式内容有充分了解的情况下，深入强调和解读独到的见解和创意。

（2）文学脚本

脚本又分为文学脚本和分镜头脚本两类。一般来讲，文学脚本主要用于初步阅读，分镜头脚本则是导演工作台本，用于指导创作团队的分步工作。因为短视频较短、流程简化，同时也结合每个创作者不同的喜好，每个团队/个人都有不同的格式习惯，不必拘泥于固定的格式。

首先介绍文学脚本的基本模板：

《××》文学脚本

【画面】……
（大体描述本段落出现的画面，以备摄像拍摄或者查找相关资料。）
【解说】……
（配音、旁白的具体内容。）
【同期】……
（在现场同步拾取的画面和声音，比如现场人物的对话、环境音等。）
【采访】……
（指有设计的人物采访内容。）
【字幕】……
（屏幕上叠加或代替画面出现的汉字，可以与解说并行，也可以单独设计。）
其他辅助条目：
【音乐】……
（用哪种音乐，渐强还是渐弱，节奏如何。）
【音效】……
（除解说、音乐、同期声之外的其他效果音。）
【特效】……
（用于指导后期制作时采用的特殊效果，多见于段落衔接和画面处理。）

以上各条目并非一定要全部出现，可结合实际情况和需要进行选择、搭配，在形式上也不必固化。下面分享一个短视频段落，编导和后期制作人员分别使用了不同的标识方法。

编导文案

【画面】日照市的阳光、碧海、金沙滩等标志性景物；幸福和谐的生活图景；原始陶文；绿茶；丁肇中；日出。

【字幕/解说】这是一个被太阳眷顾的幸福之城；"联合国人居奖"城市；中国原始陶文的发掘地；江北最大的绿茶之乡；诺贝尔物理学奖获得者丁肇中的故乡；向阳而立、逐光而行——日照。

【出标题】逐光之城

【画面】与古代文化相关的各类画面。

【解说】日照，一方文化厚土。山海相拥，水网密织，茶稻飘香。这片大自然的富水区，成为得天独厚的文化富集区，龙山文化、太阳文化、东夷文化、尧王文化、太公文化、莒文化在这里迭代交织、推陈出新。

后期制作文案

【字幕/解说】这是一个被太阳眷顾的幸福之城；"联合国人居奖"城市；中国原始陶文的发掘地；江北最大的绿茶之乡；诺贝尔物理学奖获得者丁肇中的故乡；向阳而立、逐光而行——日照。

（镜头：灯塔、海龙湾、天台山、五莲山日出、万平口海岸线、文字特写、绿茶航拍、丁肇中故居、太阳升起延时。）

【出标题】逐光之城（太阳特写，出字。）

【解说】日照，一方文化厚土。（镜头：河山、大字。）

山海相拥，水网密织，茶稻飘香。（镜头：九仙山、河道、茶、稻。）

这片大自然的富水区，成为得天独厚的文化富集区，龙山文化、太阳文化、东夷文化、尧王文化、太公文化、莒文化在这里迭代交织、推陈出新。（远古资料镜头、相关文化镜头。）

从两个文学脚本的比较可以看出，编导的文案偏向于引领阅读，而后期制作人员的文案偏向于拍摄需求、寻找素材，不同的情境可以灵活运用。

（3）分镜头脚本

分镜头脚本一般指导演工作台本，主要作用是指导和规划拍摄以及后期各项工作，严格来说是一种处理方式而非写作方式。

分镜头脚本一般以表格形式呈现，如：

镜号	解说	画面/字幕	景别	拍摄方式	时长	音乐	特效	备注
1								
2								
3								

镜号：把预想中的成片画面以镜头为单位一个接一个按顺序排列下来，以阿拉伯数字表示。在简化或较熟悉的拍摄流程中，这个项目也可以粗写为"场景号"，即一个场景作为一组。

解说：即解说词，与画面同时出现的人声旁白。

画面/字幕：以简略语言介绍画面呈现内容，包括字幕、装饰等。

景别：按照拍摄对象在画幅中的大小比例，景别一般有远景、全景、中景、近景、特写等。

拍摄方式：一般指镜头的运动技巧，推、拉、摇、移、跟，及固定镜头或其他特殊处理方式的标注。

时长：本镜头/场景的时间长度。

音乐：使用何种风格音乐，或注明某首音乐的名称。

特效：后期希望用何种特效处理。

备注：其他补充内容或特别提醒内容。

同理，创作者可以根据需要自由设置项目个数和先后顺序。

针对上文案例，分镜头脚本是这样的：

场号	解说	画面	景别	拍摄方式	时长	音乐	特效	备注
1	这是一个被太阳眷顾的幸福之城	蓝天、碧海、金沙滩	由远及近	推	5秒	海鸥、海浪声、轮船的汽笛声	特效字幕	2个或3个镜头组合
2	"联合国人居奖"城市	现代建筑；人们幸福生活的场景	远景、全景、近景	航拍、全景、近景	4秒	音乐起	特效字幕	2个或3个镜头组合
3	中国原始陶文的发掘地	考古画面	近景、全景	固定镜头	4秒	音乐起	特效字幕	2个或3个镜头组合

1.2.2　短视频创作的常用基础知识

短视频是视频创作的一类，在拥有自身特点的同时，也符合视频的普适创作规律。本节用浅显易懂的方式分析几个短视频、小视频创作中的基础概念，这些概念和方法也是专业与非专业之别的关键所在。

（1）蒙太奇

蒙太奇是源于电影的一种剪辑手法，原意为构成、装配、组接，指的是不同的镜头组接在一起，往往会产生各个镜头单独存在时所不具有的含义。蒙太奇理论非常丰富，也有很多不同流派和代表性人物，初学者可以从最基本的用法学起。

简单来说，蒙太奇就是让镜头与镜头之间的组接产生1+1=3的效果。电影导演、电影理论家库里肖夫做过一个著名的实验：他给演员莫兹尤辛拍了一个毫无表情的特写镜头，然后分别在这个镜头后面接上3个不同的片段，第一个是一盆汤，第二个是躺着女尸的棺材，第三个是抱着玩具的女孩，然后收集观众们的反馈。据说观众看了第一种组接，认为演员有饥饿的表情，想喝汤；看了第二种组接，观众认为演员的情绪是悲伤；而第三种组接，观众看后感觉演员很愉快。实际上，演员的表情特写是唯一的，也没有预定意义，但是观众却从不同的组接中解读出了演员不同的情绪，这就是有名的"库里肖夫效应"。

为什么会这样？简单来说，是因为人有联想的能力，会自动归因和推演，会有把缺口补全的潜意识。认识到这一点，我们就可以在短视频创作中大有可为。

（2）镜头成组

有的初学者兴致勃勃拍摄了一堆素材，将看好的镜头组接在一起，却显得很凌乱，为什么？除了主线要清晰，还要用好一个方法：镜头成组。

镜头成组，就是用一组镜头表达一个意思，这组镜头或者是在同一个场景所拍，或者是有相互关联，组接在一起共同起作用。比如，要表现一个大剧院，一个镜头是场上的表演，另一个镜头最好有场下观众的掌声或观众认真观看的情形，这两个镜头就成组了。又比如，表现一个武术表演，要有全景、近景，也要有特写、运动镜头，这些组合在一起才能展现武术的精彩和动感。所谓"独木不成林"，单一的镜头很难支撑起完整的表达，学会用不同景别、不同角度、不同主体的镜头组合应用，将会让视频看起来表达充分、含义丰富。

（3）声画对位

声画对位原本也是影视创作中的一种声画关系，属于蒙太奇的一种，指的是画面和声音分别表达内容，它们看似不相关，但配合在一起却产生奇妙的融合作用。

如有一个搞笑小视频，背景是一只狗的饭盆被过路汽车不小心压坏了，视频就是狗盯着镜头这个简单的画面，然后配上《oh！no！》这首抖音"神曲"❶，看起来狗相当不高兴甚至像是在威胁当事人，一个强烈的戏剧效果就出现了。

（4）解说与画面要互相补充、不要重叠

这一点也是视频创作中的常识性问题，指的是画面与声音尤其是解说，二者之间是互补的关系，不是重叠的关系，画面已经讲了的，解说就不要再重复，反之亦然。

---

❶ 神曲：网络语言，一般指网络上热度较高、传唱度高，或风格独特的歌曲。

比如，春天来了，有人拍了一条关于春天的短视频。画面上有花，解说就配"花开了"；画面上出现蓝天，就解说"蓝天白云"……这样的解说属于"无效解说"，为什么呢？因为画面已经清清楚楚讲明白了，解说还要多此一举，这样就会显得累赘、啰嗦、不专业。正确的做法应该是在优美的画面上进行提升性的、发散性的解说，让观众用蒙太奇心理领会到画面之外的更高立意或者情感。如果实在没的说不要硬说，用音乐铺垫，只要画面也就够了。

（5）景别差异化组合

景别是指拍摄主体在画面中所呈现的范围大小。以拍摄人物为例：全身都拍到，叫作全景；画面展示膝盖以上，叫作中景；画面展示肩部以上，叫作近景；画面展示身体某部位叫作特写；如果把人物和周围的环境都拍上，就叫作远景；再远一点，就可以叫作大远景。

两个镜头组接时，要注意相似景别不要组合在一起，相差太大的景别也不要组合在一起。比如：一个中景人物，紧接着再来一个中景人物，就会有"跳跃"感；一个航拍如果接一个大特写，人的视觉会有不适感。正确的做法应该是组接有差异的景别，但不要把两极镜头即差异很大的镜头组合在一起。

（6）动接动，静接静

有初学者在剪辑时，前一个是速度较快的运动镜头，紧接着下一个就是固定镜头，快慢之间、动静之间，让人有一种"刹不住车"的错觉。正确的做法应该是：运动的镜头接运动的镜头，静止的镜头接静止的镜头。如果从动到静，或者从静到动怎么办？利用运动镜头的起幅、落幅稳定下来，或者利用淡入淡出、叠画等特技功能弱化动静结合的不适感。

以上概念中，有些多用于剪辑，有些多用于拍摄，但无论哪方面，最初都要体现在脚本文案中，是文案写作的基础用法。明白这些概念背后的原理，学会这些手法，等于一脚迈进了专业短视频创作的大门，在创作中就不会摸不着头脑。

1.2.3　小视频文案重点在字幕编排

小视频与短视频虽然没有严格的界线划分，但短至10秒以内的小视频更注重画面上的字幕体现。

大一新生"连滚带爬"地铁救人

《人民日报》抖音客户端发布的一条14秒的社会暖新闻,其中共6个画面,表现了鲜明的小视频特点。

(1)文案主体清晰、醒目、简洁

画面中主体字幕出现在画面上方,字体较大、清晰醒目,一般1～2行文案作为主要内容,每一行在10个字左右。字幕不遮挡画面主体,且与画面形成互补关系。

(2)文案网感要强

什么是网感?从字面意思上说,网感就是网络感觉,大概来讲,就是指对网络很熟悉,对热词、热梗、网络暗语了然于胸,对网络发展方向和生存环境等有较敏锐的洞察力。感觉是很难精准描摹的一种东西,但是当大家都心照不宣地共同认定一种感觉,它就成了网络语言的独有语境。它是年轻人喜欢的语感,口语化、随意性、简洁明了是它的风格。

如视频中,第一幅是出标题的画面,"最帅连滚带爬"大一新生获59800元奖学金，"最帅连滚带爬"是标题的修饰，也是网友对事件主人公做出的评价。在看似调侃戏谑中带有温情认同，这就是网感的一种。

（3）用连续性字幕讲一个简单的故事

这个视频由6个画面构成，6个画面中的5个是带有字幕的，它们连起来是这样一个文案：

"'最帅连滚带爬'大一新生获59800元奖学金，他就是获赞无数的地铁志愿者余涛宏。为救电梯上摔倒的乘客，他连滚带爬冲了过去，自己却蹭破一大块皮。面对嘉奖他却说：'受之有愧''没什么大不了'。而我们觉得，他值得所有的赞！"❶

标题字幕点出事件，然后用三幅画面介绍事件经过，一幅画面表达情感。

与此同时，还有一幅画面是主人公的笑脸，没有字幕，为什么选取它？这是因为画面也有叙事功能，一张可爱的笑脸就是主人公的反应，很好地增强了视频代入感。所以，在写文案脚本或构思的时候，这张笑脸也应该在文案脚本之内。

（4）下方推文换一种方式简要介绍

如果说上方主体字幕花了心思和技巧，以期实现更好的观看效果，那么在下方的推文部分就可以更加简洁和朴素，用不一样的方式对事件进行评述和补充。同样要注意，推文也不能和画面互相遮挡。

1.3 文案创作三部曲：组织、表达与升华

短视频为什么需要文案？

有不少短视频号看起来并不需要正规的文案，比如变装类、萌宠类、随手拍系列，一个创意或者一件新鲜事就成为一个短视频；也有许多短视频的

---

❶ 因出版规范等原因，书中文案部分文字与视频中稍有不同，特此说明。

文案很简单，只有寥寥几句台词。在小视频领域，因为创作的随意性，这种现象更加突出。

但我们还是要强调文案的重要性，原因何在？就在于有些文案看不见≠不存在，有些文案不正式≠不需要。比如有些剧情类短视频，可能几句台词就可以拿来当剧本用，究其原因，是基于团队对拍摄和后期制作的某种默契与心照不宣，知道哪句台词就应该怎样走位、用什么样的光、放什么道具、用哪个景别，这些不用写在纸上，因为太过熟悉。还有些短视频先期没有文案，但是会在后期制作时用到字幕、技巧等等，它们不正式列在文案上，但也是创作的一部分，是文案创作者应该承担的任务。

概括来说，短视频文案有三个方面的作用：组织、表达与升华。组织，即将各创作要素集合在一起，以符合短视频艺术规律的方式进行糅合、凝结，它的形式即为脚本。表达，即将主题和内容以准确生动的台词、字幕等介绍出来。升华，即对内容进行提炼、拔高，或者体现创作者独特的思想与感情。

1.3.1　组织：剧本的作用与创作流程

在影视剧领域，剧本是"一剧之本"，这体现了文案的基础作用。在正规的短视频创作中，文案或脚本即起到类似作用，可以说，文案、脚本就是短视频创作的蓝图。

（1）蓝图的功用

作为创作蓝图，具体体现在以下几个方面：**给各工种安排工作任务，组织架构作品内容，达到"用文字拍照"的效果。**

正规视频创作团队里应该有的导演、编剧、摄像、制作、包装、配音等各个分工，这些在短视频领域可能会合并和简化，一人身兼数职是常见的现象，但这些岗位职责却没有减少。文案和脚本的任务就是给各个工种安排工作，细致到每个场景甚至每个镜头说什么台词、怎么拍、怎么组接、用什么音乐、后期用什么特效等。具体可参见本章第2节对脚本模板的介绍。在文案和脚本的安排指挥下，多个工种各司其职，可以有条不紊地按顺序完成创作。同时，脚本还在工期安排、物料安排及其他各种注意事项的记录和传达等方面起重要作用，是团队必不可少的工作台本。

设计形式、组织架构内容是文案脚本的另一项重要组织功能。从一个点子到一个作品需要很多素材，可以是多个事件的集合，是前因后果的编织，是新闻和旧闻的穿插——这是从内容上来讲。而从形式上来说，如何设置情境？如何起承转合？如何将想法完整表达出来？如何有新意、有创意？文案和脚本的重要作用就是把各种内容以创新的形式组织和创作出来。

以下是笔者为城市体育文化宣传所写文案的其中一部分，这个分镜头脚本将应有的工作元素集结在一起，体现出**"用文字拍照"**的功能，让读者和工作人员"见字如面"。

场景号	画面	解说/字幕	音效	音乐	时长
1	运动场上，运动员准备起跑	每一次起跑，是为了火热的前方。	心跳声		3秒
2	机场，游客拉着行李箱出来，站定远望	每一次出发，是为了完成心灵的抵达。	机场广播		3秒
3	日照城市美景，体现阳光	一座以阳光为名的城市。			2秒
4	游客来到海边	一场回到最初的旅行。	海风、海浪、海鸥	音乐起	3秒
5	游客迎风而立，特写，天地之间的帆船，注意航拍和360°镜头	海风从眉间拂过，诉说天地间最真的奥秘。		音乐起	5秒
6	运动员冲刺和游客在海边奔跑交叉剪辑	灵魂与肉体，一起在路上。	指令枪响	音乐起	5秒

文案出来以后，道具、场景等工作人员即可依据脚本进行下一步工作；拍摄完成以后，剪辑人员在此蓝本上进行二度创作。

（2）创作流程

在具体写作执行的时候，流程一般是这样的：**选题调研—创意策划—素材搜集—脚本撰写**。

选题调研即考察作品选题的可行性，观众是否喜欢？是否符合粉丝画像？能否达到传播目的？调研在商业行为中更为重要，这关系到账号能否持续长久，价值变现能否顺利进行。调研的方式可以有多种，有条件的话可以进行问卷调查、电话采访，也可以简单地向周边的人进行询问，问问亲朋好友对这个选题是否感兴趣，对它有什么样的期待。

创意策划即对作品的内容和形式进行定位，主题思想是什么？内容涵盖哪些方面？采用哪种表现形式？有什么创意元素？这一步至关重要，对短视频来说重要性还要翻番。因为短视频内容简短，有时就是一个创意的精练展现，创意是否新鲜，是否能与观众达成共鸣，这些决定了文案的质量，更决定了短视频的命运。

素材搜集属于写作前的准备工作，即发挥脚本的组织功能，搜集已有可用的视频、音频、图片、文件等资料并将其分门别类进行收纳。这项工作可以与创意策划并行，而且需要一直持续到拍摄结束。素材的搜集可以为创意策划提供营养和灵感；拍摄的所有素材也要按照类别进行整理、收集，便于文案创作者进行观看，组织进脚本文案里。有时候，创作一条短视频并不需要全部进行现拍，可能用到以前的视频素材和相关资料，当下拍的内容也可能会在以后用到。所以，组建一个属于自己的素材库非常有必要，这里边尤其注意收集空镜头，如蓝天白云、花草、雨滴等，这些空镜头会在抒情表意方面发挥出乎意料的作用。

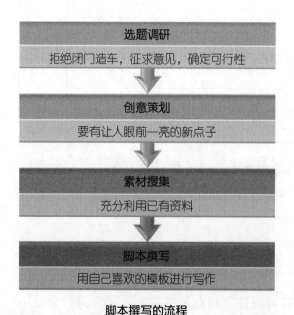

脚本撰写的流程

前期准备工作完毕，就正式进入**脚本撰写**。对于脚本来说，采用文学脚本还是分镜头脚本，这些形式上的选择并不关键，只要能够适用就好。脚本的关键有两处：一是像一个指挥一样，让画面、解说、音乐、字幕、特效等和谐有序、共同奏响交响曲，达到浑然天成的效果；二是将解说、台词或字幕以精准、艺术的方式呈现出来，发挥语言的独特魅力。

1.3.2 表达：四个关键点——创意、准确、清新、简洁

在具体的文案写作中，要注意这样几个关键点。

（1）准确胜过优美华丽

许多人提到写作，总是讲文采、文笔，认为能写出优美华丽的句子就是好的文案创作者。对诗歌、散文、小说等文学艺术来说可能是这样的，但对视频来说不是这样的。视频创作中的语言要把追求"准确表达"放在第一位。

为什么这样说呢？

首先，视频是画面与解说/台词/字幕相结合的产品，不是语言单独起作用，许多作品甚至是画面为主导。在这种情况下，语言的应用就要充分尊重和考虑画面，也就是我们在前文中所提到的：解说/台词/字幕要和画面实现互补并产生化学反应，起到1+1=3的效果。而对于短视频来说，画面的冲击是首要的，语言要起到辅助、镶嵌、解释、升华等作用，如果语言不顾一切地"独美"，不但会抢夺画面的表现力，还会因不融洽而起反作用。

其次，短视频很短，尤其是小视频只有短短的几秒，在这样短的时间内向观众传达信息，清楚明白是首要目标，语言一定要浅显易懂、一目了然，不要过多地修饰和曲折，因为观众没有消化的时间。

广告学上有一个经典的理论：USP理论，即**独特销售主张**，它的内涵中很重要的一条就是：能总结和归纳事物特点的词有且只有一个。而创作文案的每一笔，都是在寻找这个准确的词。

（2）形式简单，逻辑清晰

正如上一点所说，短视频的特点是"短"，在很短的时间内不能套用太多的复杂手法，直截了当、简单易懂是首要考虑的目标。同时，现代人的生活节奏又很快，焦虑感促使人们一个接一个地"刷"视频，太过繁复和烧脑的视频除非有强大的看点，否则很容易被滑走。

在具体形式和逻辑的选择上，小视频优先选择直线型，简化背景介绍、剔除冗余信息，开门见山地把核心内容表达出来；长一些的短视频可以有结构设计，但要注意以吸引观众注意力为目标，不可因过于炫技而失去市场。

（3）创意突出

创意与个性是当下时代的潮流，这一点在短视频领域尤为突出。一条短

视频如果没有一个让人眼前一亮的创意点，那么它在潮水般的短视频大军中是很难脱颖而出的。

创意首先体现在选题和策划阶段，有时一个点子就是一条短视频，短短几秒就能胜出。在文案阶段，创意体现在具体的字幕、解说、画面组接、音乐、特效等方面，如何打破惯性规律，如何有突破而不突兀，这是文案创作中应该注意的问题。

创意来源于哪里？有人认为创意是灵感，可遇不可求。事实上，一个写作者不能等灵感降临，要主动出击去寻找灵感。稻盛和夫曾经说过："工作现场有神明"。创意来源于生活本身。在事件发生的现场，在大千世界中，在世事纷扰中，只有走出去、融进去才能在事物本身之中发现灵感、找到创意，切忌闭门造车。

举个例子，抖音头部账号"老板与志玲"，它的主人公是一个组合，一位傲娇的老板、一位与老板妈妈同龄的大姨当秘书。一般来说，视频里的秘书都是年轻人，这是惯性认知；而"老板与志玲"则采用**逆向思维**，用一个大姨当秘书，可想而知笑料百出。用大姨当秘书的创意是怎么来的呢？这既归功于创作者的发散思维方式，更来源于他在生活中对这个大姨的认识和了解。如果没有大姨本身自带的喜感性格和生活细节，就没有源源不绝的段子和灵感，也不能支持账号的长久发展。

（4）唯美与口语化的两个创作方向

当下短视频功能中有两个重要方向：一是欣赏性，二是实用性。欣赏性即要体现艺术的特质，画面与语言讲究唯美，给人以美的享受；实用性的如资讯类小视频，这类短视频要讲究口语化，让人一看就懂、一听就明白，在最短的时间内传输最大的信息量。写作中采取哪种风格取决于选题和预期目标受众。

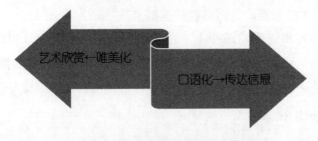

两个创作方向对语言的要求不同

1.3.3　升华：深度与高度让作品与众不同

文案的第三个重要作用就是将主题立意表达清楚，并进行提炼升华。一个短视频从发现选题到最后成片，就像一个修炼的过程，很可能终点与始发点已经不一样甚至发生质变，其中起关键作用的就是文案的创作。

作品为什么需要提炼升华？

首先是为了主题的突出体现。一个好作品的标准之一就是主题凝练且突出，让人明白作者在表达什么，想传达什么思想，无论"形"多么散，"神"一直不散。文案要把主题进行凝练、简化、突出，将立意表达充分而清晰。

其次，体现作品的深刻和高度。事件本身并不马上呈现深刻和高度，正如一些大事发生时，我们依然觉得那样普通。深刻和高度是需要沉淀、挖掘和提炼的，而挖掘和提炼需要广博的见识和深度思考。当作品有了深度和高度，它才会不同于事件本身，也才会从海量的短视频中脱颖而出、独树一帜，才会具有长久的传播力和生命力。

正如人们常说的，"生活中不缺少美，只是缺少发现美的眼睛"。那么，如何才能具备提炼和升华的能力呢？以下几点可供参考。

（1）抬高视角

如果你想看更远的地方，一定要爬到高处。"欲穷千里目，更上一层楼。"当一个事件发生以后，站在一般观众的角度可能看不到全貌，但是站在更高的视角上就可以有新的发现。

比如，春天到了，你想写写城市里的花开了，但无论怎么描摹花的美丽都好像没有什么特别之处。而如果把视角抬高到全省、全国：这个天气，其他地方的花是否也开了？我们是率先还是滞后，还是和全国一起欣欣向荣？我们这个城市的花的品种是否和其他地方不一样？这反映了我们城市园林绿化建设的哪些优点？进而，我们的城市建设是否领先？

所谓"有高度"，就是要站到高处看问题，从更大范围、从行业顶端、从政策发端等追根溯源、登高望远，更高的视角提供了更广阔的视野，自然也就与其他作品有了区别。

（2）大胸怀：以时代为背景，与大环境相结合

如果说抬高视角的目的是看待一个问题、解释一个事件，那么，扩大胸

怀的目的就是"以点带面"，将一个事物置于时代和环境之中，以此对时代和环境做出更多思考。也就是说，不要局限在一地一城、一时一刻，要将胸怀放得长远、广博，以悲悯之心看待万事万物，这就是人们常说的**"情怀"**。

想要拥有情怀，时间轴上可以考量时代，空间轴上可以考量环境，一纵一横、上下古今，更大的胸怀将带给观众不一样的感受，作品也就有了**格局**。

举个例子，一段业已消失的城墙，该如何为它做片子？可以回顾它是如何建立的、如何消失的、起过什么样的作用，以及当地人们对它的怀念——这是一般历史遗迹类作品创作的套路。那么，除此之外，我们是否还可以在格局层面上扩展一下？可以顺着这样的思路延展一下：

城墙是用来做什么的？保护民众，防止流寇侵袭。

为什么人们要自己建城墙？一百多年前国弱民穷，社会治安混乱，而国家无力保护人民。

为什么现在没有城墙、也不需要城墙了？这个是最关键的问题：因为我们的国家富强了，时代和平了，任何坚固的城墙都比不上和平的环境、强大的祖国！

格局是什么？格局就是家国情怀，是把自己放在浩瀚的人类文明之中，是对社会进步与发展的深切关怀。

（3）跨界

十余年前，一部纪录片《舌尖上的中国》曾火爆全国，在短视频还没有盛行的年代，其创作风格为大家津津乐道，"舌尖体"文风也一直影响到现在。如果分析"舌尖体"的特色，最引人注意的就是**跨界融合**的写作方式。

"安徽南部，独特的地理环境和温润的气候促成了人们恬淡保守的气质，也孕育出了特有的食物——毛豆腐。"——这是将食物与地理、气候甚至人的性格相融合。

"干燥而温暖的风浩浩荡荡地吹上半年，等到5月底，雨水才抵达迪庆州的香格里拉。大雨让原始森林里的各种野生菌都迅速疯长出来。"——这是将气候、时间、植物生长结合在一起。

"舌尖体"让人见之难忘并引发大量效仿，原因就在于这种跨界融合的写法跳出了一般的视野局限，带给人新鲜感、纵深感、厚重感。你瞧，一枚小小的野生菌都会和全地球上循环的季风有关系，不起眼的毛豆腐竟然和地理环境、和人们的性格相挂钩，这种大胆的跨界既是创新创意，也是升华与提炼，让作品一下具有了与众不同的高度。

（4）锤炼文眼和金句

所谓文眼，就是指能体现主题思想的语句，是统摄全局、升华全片的关键所在。人们还常提到一个说法：金句。金句也是思想的结晶，是智慧的凝练和体现。二者的不同之处在于，文眼一定是金句，而金句却不一定是文眼。

虽然功用不同，但它们有相似的创作思路，那就是对作品内容进行提炼、拔高，用作者本身的思考和总结，为作品起到画龙点睛的重要作用。

二者之中，文眼的锤炼更加重要。就如同武侠小说里常说的任督二脉，一旦打通就会全身融会贯通，武学修为将大步精进甚至提升境界。文眼在文案中就是这样的一个存在。

举个例子，笔者曾为一个刑警支队做短视频，如何体现他们的责任与担当？查阅资料发现，这个团队31个人全部是党员，于是便有了这句："31名队员，31名党员，身份铭刻无声誓言。"一句话点透了刑警支队工作能力强悍的精神来源，点亮了视频的灵魂和亮点。

（5）人性

日本作家村上春树有一个著名的比喻："假如这里有坚固的高墙和撞墙破碎的鸡蛋，我总是站在鸡蛋一边。是的，无论高墙多么正确和鸡蛋多么错误，我也还是站在鸡蛋一边。"

如果作品不能得到人们的欢迎，无论形式多么精巧、内容多么丰富、创意多么新颖都无法打动人心，那么就要考虑作品的另一个维度：人性。你是否站到了弱者一边？是否怀有悲悯之心、恻隐之情？在你的作品中，谁是鸡蛋、谁是高墙？

如果对美国好莱坞的经典电影进行总结，可以无一例外地发现：它们都最终指向了人性。一个母亲敢于和怪兽搏斗，是因为对孩子的爱；一个父亲敢于反抗强权，是为了保护自己的家人。为什么这些电影全世界流行？因为**以人为本永远不会过时**。

1.4 短视频分类：选择适合自己的创作方向

在短视频盛行的今天，大量自媒体号都以短视频走上了商业变现的道路。对于闻风而动踏入这个行业的新手来说，不能只看到繁华的表面，更应厘清繁华背后的本质原理；不要头脑一热就投身进去，要弄清不同短视频之间的区别，更要了解自身的特点和资源优势。"知己知彼，百战不殆。"这样才能真正掌握账号发展壮大的密码。

短视频的种类有很多，但因为其发展历程较短、变化太过迅速，所以目前并没有固定一致的分类方法。本书的第2章将按照目前市面上较常见的几个类别进行详细探讨。为了方便初学者在茫然中找到适合自己的创作方向，本节将提供不同的分类角度并进行初步讲解，在纷繁芜杂的行业现象里梳理出几条清晰的脉络，帮助初学者分析看清不同种类短视频之间的本质区别，进而选择适合自己的短视频赛道。

本书1.5中将以独家采访的方式向大家介绍抖音头部账号"老板与志玲"从创建账号到突破瓶颈，再到成为粉丝流量大号的历程，创始人孙浩茗亲身讲述其成功背后的流量秘籍。

1.4.1 纪实与虚构两个大方向

随便打开一个视频平台，可以看到菜单栏里一般有这样几类：电视剧、电影、综艺、动漫、纪录片、体育等。平台的分类大致按照约定俗成的规矩，以方便观众很快找到自己喜欢的类型。

那么，这些类型之间有什么区别吗？如果归纳一下，电视剧、电影、动漫属于一类，它们是虚构类的；综艺、纪录片、体育则属于另一类，它们是纪实类的。

在创作短视频之初，首先可以根据纪实抑或虚构来进行初步选择。

所谓纪实类作品，即以现实世界中的真实影像为基础进行剪辑、修改、处理，时间、空间都保持真实原貌。这类作品包括：纪录片、专题片、宣传片、新闻、各类纪实栏目，在短视频领域主要有资讯类短视频和微纪录类短视频等。

纪实类作品因以真实时空为创作基础，所以一般先有拍摄提纲/文案，再进行拍摄，而后进行脚本创作，最后剪辑和包装完成。

而所谓虚构类作品，则是以虚拟创作为主，包括电影、电视剧、戏曲和各类舞台剧目等，在短视频领域主要是各剧情类短视频，包括段子、故事、小说等。

虚构类作品常常也会以真实事件为基础，但会有更大比例的改编、创作成分，一般会先有策划和脚本，再按照文案脚本进行拍摄，然后剪辑、配音、包装。这类作品更注重剧本的质量。

对于短视频领域来说，纪实和虚构就像两条大赛道，到底哪一种是适合自己的，还要根据自身特点和优势来进行评估。比如，有的人天生具有幽默细胞，喜欢讲段子、编故事，那么进行虚构类创作更为合适；而有的人喜欢展示真实的一面，具有饱满的激情和记录表达的欲望，那么进行纪实类创作就更适合。而无论选择哪一种，想要打造爆款、走上流量道路，都要找到它的"爆点"。这一点本书将在后面进行详细剖析。

1.4.2　精品化与随意式的选择

作品本应向着精品、优质的目标进行创作，但当下随着小视频的崛起，不少短视频账号越来越走向"随意式"的创作状态。什么意思呢？用简短的时间、简短的篇幅，制作一条稍显粗糙的短视频，随手做、随手发，大大增加了创作的频率、降低了创作难度。这一点在新闻资讯类短视频领域更为突出。

人们喜欢看资讯并且不计较形式的粗糙、制作的简陋，是因为某种意义上来说，信息内核的重要性要大于表现形式。比如某地发生了地震，人们争相观看此类新闻是为了了解现场情况，至于画质好不好、镜头是不是歪的、构图是不是巧妙都关系不大，因为人们的关注点不在这里。再比如，将监控画面进行下载和剪辑所形成的短视频，是因为它所呈现的真实性打动人心，这对观众来说也比形式更重要。

但同时也要看到，观众喜欢看资讯，也有很多其他的收看目的，比如学技能、欣赏、增长见闻等。当作品涉及深度和厚度，精品化就成为更好的选择。

什么样的作品才能称得上是精品呢？一个作品从策划到脚本，从拍摄到制作完成，都要有规范和认真的力度，在内容上追求高度和深度，这就是精品创作的方向。当下全网有不少见闻类作品、讲解类作品，它们都是创作者用心策划、细心解说、高质拍摄、精致制作而成。这类作品，虽然创作周期长、人力物力付出成本大，但显然在生命力上更长久一些。

可以说，在短视频潮流的当下，"精品化"还是"随意式"是一个可以二选一的题目，这是因为短视频的野蛮生长期还未结束，各类规范还不齐备，人们还没有形成成熟、稳定的审美态度，所以"随手拍"系列依然可以大行其道、大有可为。

但是随着各短视频平台的规范化走上正轨，尤其是人们的审美观渐渐趋向内容和厚度之后，这种随意性强的短视频数量将会缩水，而优质内容将有更广阔的天地。这一点并不难理解：人们的猎奇心态终会满足，除了必要的资讯，人们更需要从优质内容中汲取营养、满足更高层次的心理需求并实现自我成长。

现在，这种趋势正越来越明显，代表性现象就是较长的短视频越来越受欢迎，各平台对精品创作扶持力度也在不断加大。

1.4.3　长与短各有不同

正如前文所说，各平台、创作者、观众三方对短视频的时长理解各有不同，目前市面上的短视频长短不一，大致有这样几个区间：15秒及以内、1分钟左右、2～10分钟、10分钟以上。

15秒左右及15秒以内的短视频就是当下流行的小视频，它们以资讯为主，以极短为特征，内容直击信息核心，信息高能、亮点突出。同时，它们不讲究完整、不讲背景、不介绍周边，三两句话、一个创意或一个现象描述即构成全片。它们常常是生活的一个片段、某些大事中的一个细节等。如"央视新闻""四川观察"的各类新闻资讯，在网络上病毒式传播的各类趣闻类、暖心类短视频，以及个人创意类的"楚淇变装"等都属于这类。

1分钟左右的短视频基本会有一个相对完整的故事，有背景介绍、来龙去脉、细节描述，但是摒弃展开式的论述，在高度和深度上也不作强求。这一类的短视频主要有段子类、剧情类、微纪录、文旅类短视频等。

2～10分钟的短视频属于较长的短视频，它有更丰富的细节、更完整的讲述，在立意和表达上都更为丰满。如抖音"张同学"的视频虽然没有强烈的矛盾冲突，但以过程和细节取胜，在拍摄和剪辑中也很有设计感，2～10分钟的时长并不嫌长，反而让人看得津津有味。

10分钟以上的视频是否归于短视频并无定论，但不少此类视频在短视频平台一样兴盛。比如以讲历史与艺术为主的微信视频号"意公子"，视频多在10分钟以上，它以丰富的历史和艺术细节以及深厚的人文底蕴取胜，是优质短视频的典型代表。

从以上特点可以看出，越长的短视频越趋向于精品化制作，能够驾驭较长时长的创作是需要一定影视创作基础的，当然这也可以在长期的创作中慢慢学习和积累。最短的小视频创作最为随性，但需要创作频率较高，以保持粉丝黏性和曝光率，这一点我们将在第3章进行具体讨论。

一个账号的时长要保持相对稳定，形成自己的特色，实现长远发展目标。对于初入行的新手来说，要看自身的优势在哪里，进而选择适合的时长和方式。

1.4.4　是博人眼球还是体现深度与厚度

在本节所述的二选一中，都不涉及偏向哪一方，因为它们各有利弊，我们只能分析一下发展大趋势。本小节也是一样，"博人眼球"也是一种创作方式，一个短视频，能够让人展颜一笑、舒压解困也算大功一件，是不可多得的创意。这两种短视频的区别主要在于创作上的角度与力度不同，需要储备的知识量和天赋类型不同，了解这些可以帮助初学者鉴别自己的优势所在。

如前文所述，小视频很多属于博人眼球的类型，它们以高密度的信息、直接的表达，将全部内容迅速传达给观众，对于新闻和资讯的传播极为有效。同时，很多小视频以段子、反转、逆向思维等方式展现创作者惊人的创作才华，这类创作者属于天赋型选手。因此，选择此类创作方向的人，要么需要有可靠且海量的新闻资讯来源，如"人民日报""央视新闻""新华社"等抖音号、视频号有主流媒体支撑，素材来源不成问题；要么有天赋、有才华，段子也好、技能也罢，可以凭借"达人"特色或者创意创新让人眼前一亮。

而深度与厚度则要求更高一些。从心理学层面上讲，感官的满足是浅层次的，等感官满足实现之后，人们会需要更高、更深层次的心理和审美满足，这就需要作品在深度和厚度上下功夫。对于此类短视频来说，形式固然重要，如优良的画质、精巧的设计等；创作者对社会、对人性、对生命的理解更为重要，知识量和人文素养的厚度决定了作品的质量和传播度。许多原本从事人文专业或者有素养积淀的创作者更适合选择这个创作方向。

1.5 独家采访与解析"老板与志玲"——从创号到爆款到成为抖音头部账号

为了帮助读者更直观地了解短视频账号的创立过程，吸收学习各位达人的经验教训，笔者特别采访了几位短视频达人，请他们现身说法，针对账号创设、文案写作、创意策划、运营管理等环节进行剖析讲解。本节我们采访到了抖音头部账号"老板与志玲"的创作者、九衍网络科技有限公司创始人孙浩茗。

孙浩茗是从电视台主持人转型的短视频达人，全国优秀共青团干部，目前拥有"老班上班了""老板与志玲""有个同事叫老张"等多个拥有百万粉丝的账号，电商领域月销售稳定在2000万元左右，是直播带货头部主播。

"老板与志玲"截至本书发稿在抖音的数据是460多万粉丝、8200多万获赞。这是一个剧情类的短视频账号，主要角色有两个：傲娇老板、秘书志玲。其中，秘书志玲一反常规，是一位五六十岁、说一口日照土话的本地大姨。二人的日常以两人斗嘴，且以大姨碾压老板为主。这个系列的短视频以其反套路、接地气、人设喜剧效果强烈等因素备受欢迎，曾在4个月内实现涨粉200多万。

（以下内容根据实际采访整理而成）

笔者："老板与志玲"的短视频中，你的角色和秘书大姨经常互相"虐来虐去"，大家看了以后经常会提到一个有意思的问题："你"作为老板，和志玲到底是什么关系？

孙浩茗：主要还是大姨对"我"进行单方面碾压（笑）。大姨是我在电视台工作期间认识的，当时我主持一档唱歌栏目，类似山东台的"我是大明星"，我们节目组走进社区乡村，为大家搭建舞台请他们上来唱歌。这个大姨上台后也不唱，就一直在那里笑，我就感觉这个大姨很有喜剧天分。后来我开始做短视频，就想着能不能和大姨合作一下。

笔者：这个搭档组合一开始就这样吗？

孙浩茗：并不是，是经历了一个磨合的过程。在"老板与志玲"之前，我主打的一个账号是"老板上班了"，大姨出演保洁阿姨，我们也有很多有趣的互动。再后来，她和我妈也成了朋友，还经常在一起打麻将，我发现这个年纪的人一起打麻将也很有意思，就设计了一个桥段，然后给录了几段小视频，放到网上以后没想到挺火。

笔者：是什么样的小视频？

孙浩茗：就是她和我妈打麻将，大姨把麻将当扑克牌打。平时这个大姨的发散思维就很厉害，她脑子中没有条条框框，把生活过得很有意思。我再给她一设计，这个小事就有了戏剧性。小视频发出去以后转发点赞情况不错，我就看到人们很喜欢看这些生活里的小心机、小智慧，看起来不起眼但是透露着老百姓自己的生活态度。

笔者：就是不按套路来的活法，对吧？大姨没有表演经验是吗？

孙浩茗：她没有任何表演经验，就是一个地地道道的家庭妇女。她的这个本色出演也是喜剧效果的一部分。

笔者：当时傲娇的老板、大龄秘书这个组合是如何想到的？这个点子很有创意。

孙浩茗：就像刚才讲的，刚开始是保洁阿姨，后来慢慢磨合，我就有了跟大姨重新做一个组合的想法。现在网上霸道总裁类的角色设计有很多，如果老板有秘书的话，也一般是漂亮的年轻人，这是一个惯性套路。那么，如果我想做一个有特色的账号，人设就需要新，恰好大姨这个形象和性格给了我启发，我就想，如果是傲娇老板和大姨秘书搭档怎么样？

笔者：两个角色有一种碰撞效果。我们看到，这两个角色不仅人设反套路，平常的相处模式也是反套路的。

孙浩茗：对，一般老板是有决定权和指挥权的，霸道总裁嘛。但是我的短视频里，老板虽然有点傲娇，却一直被大姨秘书"碾压"，是一种生活智慧对白领思维的冲击，很多职场上司空见惯的内容经过大姨的"碾压"就变得无比接地气，也因此产生喜剧效果。

笔者：可以给我们读者举个例子，具体讲讲创意来源吗？

孙浩茗：比如这个账号的第一个爆款"咖啡机磨黄豆"，这一条视频就涨粉30多万。这个创意也是来源于生活。我喜欢喝咖啡，有一天我拿了一个咖啡机到公司，大姨见了说："咦，这个可以磨黄豆吧？"这个给了我灵感，你看，现代的年轻人喜欢喝咖啡，还要用现磨的，多么小资对吧？那么大姨上来一顿输出，说反正都是豆子，磨黄豆不也一样？于是就有了这个"咖啡机磨黄豆"的短视频。从咖啡豆到黄豆，从咖啡到豆浆，实现了一种本土文化和外来文化的碰撞，从而着落到我们的一个底层逻辑上：多么高大上的东西到大姨这里也变得接地气，这就是咱老一辈人的智慧。而且这个接地气又发生在一个比较现代化的职场中，这就形成了双倍的喜剧效果。

笔者：你的账号中大部分创意都是这么来的吗？

孙浩茗：对，应该说大部分都来自生活，也有一部分来自热度话题的再创作。我们看抖音以前流行的短视频，先是跳舞类的、特效类的、玩梗的，后来是爽剧❶类的，我们注意到，发展到现在越来越偏向真实生活，或者创意来源于真实生活。

笔者：这么看来，闭门造车是不能够长久的，人们对感官刺激的追求、对爽剧这类浅层次的心理需求总有一天会审美疲劳，而真实和生活永远不会过时，它们是素材和创意源源不断的活水源头。

孙浩茗：是的。再比如现在有很多纪录类的账号也很火，比如带你去看房子、看景观，带你去看平时接触不到的地方，这些都在走进真实的空间里，人们对真实是不会厌倦的。

笔者：你最初的账号"老板上班了"也有这样类型的短视频，是吧？

孙浩茗："老板上班了"与"老板与志玲"是两种不同的定位，虽然场景都在职场，但是"老板上班了"是一个以帮助职场员工为主的账号。发展到现在，我也带领大家转到生活日常，带领大家采茶、看海，宣传和推介我们

---

❶ 爽剧：是一个新概念，并没有通用的定义，通常是指以娱乐为主，给观众带来轻松、愉快、舒适的影视作品。

本地的文化特色。

笔者：如果请你给刚刚踏入短视频行业的初学者几点忠告，你准备说什么？

孙浩茗：从账号的创立来说，首先要立人设，因为流量会变，而人设是相对固定的。打个比方说，你因为某些原因要进行账号迁移，如果只有流量没有人设，你的流量就可能没有了。而如果有人设，粉丝和流量就会跟着人设走。其次，在创意和策划时，多从生活中寻找灵感，这就要保持对生活的热情和敏锐，做一个生活的有心人。生活中有些小细节常常是不经意的，你要学会"捕风捉影"，学会另类思考，在真实细节的基础上进行创意创作。

（采访完毕）

采访中提到的两个爆款短视频，我们将文案分享如下（注：因账号团队合作时间较长，模式比较成熟，表演者即是创作者本人，所以应用文案比较简略，以台词标识为主）。

《这是我最后一次打麻将！》文案❶：

第一镜　四个人围在一起打麻将

老板：李志玲，你到底会不会啊，你在那弄了半个小时了。

志玲：谁不会啊？来，一万。

妈妈：两万。

老板：八条。

志玲：拿回去！耍赖皮啊。（大鹅：不是，大姨，这个哪耍赖了？）（注：大鹅为摄像）

志玲：他应该出三万啊。（静音结束）

老板：啊，他应该出四万！你五万！我妈六万，我没有七万（哈哈哈）

第二镜　与第一镜相连，但可以切镜。

老板：这三带一呗（出三个九筒，加一个四万）

志玲：啊！这我管不着，你出吧

---

❶ 实际拍摄时部分台词会有演员的二次创作，与文案稍有不同。以下文案同。

第三镜

老板：你确定你会了？

志玲：哈哈哈哈，会了会了……开始吧。

老板：真的是够够的。六筒。（大鹅：白板）

志玲：哈哈哈……三月里的小雨，条条条……（音）。

老板：你唱歌啊还是打麻将啊？

妈妈：三条。

志玲：碰！

第四镜　与第三镜相连，但可以切镜。

志玲：我真的还想再活五万年……

老板：你怎么不活五百万年呢！

妈妈：五万。

志玲：碰！

老板恍然大悟。其他人大笑……

第五镜

老板：从现在开始，不许唱歌，听见没有！

妈妈：我没唱。

老板：你没唱，你是帮手你还好到哪里去了？！不许唱歌，听见没有！

志玲：好！（麻将掉在地板上的声音）

志玲：没夹住。

老板忽然发现，低头看，志玲光着脚，脚丫子装作没夹住麻将的样子。志玲尴尬地笑。

老板推倒牌走开……。

《关心老板的秘书》文案：

摄像：老板，咖啡……

老板：大姨呢？

摄像：没看着啊……

老板：我告诉你，离她远点。

摄像：哦！

志玲端着豆浆推开门……

志玲：老板。

老板：你又干什么啊？

志玲：哈哈哈哈，（放下豆浆）专家说了，早上喝豆浆好。咖啡不能喝，早上起来不能喝。（拿走咖啡）

老板：我那是现磨的！

志玲：我这也是现磨的。

老板：你现磨的？

志玲：嗯。

老板：在哪磨的？

志玲：在外边。

老板表情变化……

第二镜

咖啡机旁。老板的一系列操作。

打开磨豆区，全是黄豆；

拉开残渣区域，有白色的东西……

（以上操作，可近乎安静拍摄，可以小声笑）

老板：这是咖啡机！磨咖啡豆的！你放黄豆！

志玲：哈哈哈，不都是豆嘛！

老板：（按开关，机器没反应）这不是坏了吗？！

志玲：怎么质量这么差？

第三镜

志玲：（坐在沙发上，喝豆浆）真好喝。（看着摄像笑）

镜头摇回老板，老板自己坐在地上修咖啡机。音乐起。

前引

　　分类是进行深入学习的前提。短视频种类看似纷繁复杂、推陈出新，实际上大多可以归入数个大类。按照每个类别的特点，读者可以快速掌握创作规律。

第2章

短视频类型化
文案创作解析

2.1 精品短视频：策划先行

精品与粗品的区分本是伪命题，任何艺术创作都应该向精品的方向努力，不合格才无奈沦为粗糙的次品。但在短视频的时代，尤其是小视频兴起之后，网络自媒体的作品许多都朝着"随意创作"的方向发展，在策划、拍摄、制作等方面都省工省料、简单粗暴。出现这一现象，一方面是由于海量的作品需求导致精细创作跟不上，另一个更重要的原因是许多观众也喜欢这种略显粗糙的方式，因为其显得更真实、更可信。

在这种环境下，一部分坚持精细化创作的短视频号就显得难能可贵，他们在走马观花的收视大潮中，以一己之力稳固着一批追求深度的收视群体，解读事物、挖掘内容、彰显思想，就如扎根的绿树抵抗着水土流失，成为网络环境中值得驻足的绿洲。

在本章的类别划分中，精品与剧情、搞笑等种类并不属于同一分类角度。严格地说，剧情类、搞笑类、认知类等都有精品，而精品一类也囊括各种类别。把精品短视频作为单独章节，为的是更符合大家平时的认知习惯，更方便新手入门把握。

2.1.1 精品短视频的特点

所谓精品，意即精心筹备、精心制作，最终成品呈现内容和形式的双重精良。精品化短视频的时长一般都不短，因为它需要时间来容纳详细的内容解读与意义生发。因此，需要更严谨的策划、更丰富的细节、更厚重的内容支撑。也正因为如此，这一类短视频的文案策划更体现重要性。

（1）策划先行

策划，即在拍摄制作之前进行的计划、创意，对主题、内容范围、作品风格特色、拍摄素材等进行提前规划，而其中最重要的就是主题和内容策划。

在电视兴盛的时代，本来所有视频均是先策划、后创作。但在网络短视频时代，许多内容生产呈现随意性、偶发性、即兴创作性，所以策划这一环节并不全都具备，或者作用位置、作用程度并不一致。

微信视频号"意公子"的标签是"艺术自媒体"，注释是："把中华五千年文化长河里那些打动我们的人与物，带进当下人们的生活。"她的作品长短不一，短的5分钟，长的则在十几分钟。而不论长短，每个作品都呈现出严谨独到的策划意识。如《春晚的中国传统色有多美？》，这一期讲述的是具有鲜明中国特色的颜色命名，详细阐释了多姿多彩的"中国青"在历史文化长廊中的生动展现。这一主题看似轻松，实则要精心筹备，要对各类历史和知识有精确的掌握和理解，对颜色的解读有科学和浪漫相交织的独特韵味，这不是即兴创作所能迅速达到的高度。而从尾幕的演职员表中，我们也看到了如春晚节目策划和引用著作的作者

微信视频号"意公子"作品

等专业人士的参与，这无疑是作品成功的重要保障，也体现了"意公子"对策划和创意的高度重视。

从这一实例可以看出，作品要想达到精品创作的目的，精心策划作为首要的一环必不可少，这是精品短视频成功的前提。

（2）深度、高度、厚度必居其一

深度是一个作品的深刻性所能达到的程度；高度是指立意、表达角度等代表的站位；厚度则指作品内容的丰富性、广阔性。深度体现了创作者的思考力度，高度彰显格局，而厚度则展现了创作者的知识储备量和组织能力。

一个能称为精品的短视频，要么在立意和内容阐释方面达到一定深度，要么具有大局观和纵横捭阖的气度，要么能带给观众丰富的信息和启示。只有在这三个方面实现其一，才能称得上是优质短视频。这三个方面的"度"让作品主题鲜明、内容丰富、角度新颖、品位高尚，具有长久的传播生命力。而从另一个层面来说，随性的、意义含混不清的、内容单薄的、立意低下的

都不能称为精品短视频，也缺乏传播和留存的价值。

（3）文案、拍摄、制作精良

立意上的精致体现在具体的创作环节中，即文案、拍摄、制作的精良用心。

在小视频一章中，我们曾提到小视频的文案要点是简洁、有序、清晰。而在精品短视频中，文案则要求具有思想性、逻辑性、优美性。选择观看精品短视频的观众，在文化素养和知识储备方面都具备一定基础，他们已经做好心理建设带入思考，所以不必担心思想性带来的难度。当然，基于视频的特性，视频文案必须保持相对的清晰和简练，用最简洁的话语表达尽其可能的思想性，这才是精品短视频文案的目的。除此之外，语言也异于小视频的朴实接地气，需要适当提升优美程度，可以带给观众更舒适的观看体验。

2.1.2　精品化制作需要精细化文案脚本

脚本可简可繁，选择标准不是基于专业与非专业的区别，更大程度上是取决于创作的需要。比如网络上海量的剧情类小视频，它们的脚本可能是非常简略的，有的甚至简单到只有台词罗列。这并不代表创作者不专业，也不完全是偷懒，而是基于适用性。因为在系列化的短视频创作中，演员、布景、道具都相差无几，工作流程也是团队经过长时间磨合而非常熟悉的，所以一些脚本应有的呈现被简化了。

但精品短视频不同。精品短视频为实现精良制作，每一期的主题、内容都有鲜明差异化，很难复制往期的已有部分，它各个环节的原创性都必须在脚本上有所体现，以备团队工作人员使用。因此，在创作这一类作品时要不遗余力地创作好文案脚本，只有基础打牢了，"在图纸上盖大楼"才会又快又好又坚固。

具体的脚本格式可以参看本书在第1章中的基础介绍。而在细化项目上，精品短视频要注意以下几个项目：画面描述、解说、特效及字幕、音乐。

画面描述概括了大部分视觉部分，这也是短视频最主要的部分。画面的内容是什么？以什么方式呈现？要实现什么效果？脚本中对这部分的描述要尽量简洁但传神，要能够让摄像人员看得懂，这样才能合作无间。

解说是以声音形式呈现的元素，所以要入耳入心。要实现这个效果，文字既要简练，又要清晰，用最简单的话传达最丰富的信息，还要努力与观众实现共鸣。在视频创作的各个工种中，解说一环是最难锤炼的，但一旦成熟起来，也很容易成为作品的鲜明特性，具有难替代和难模仿的产品优势。

特效和字幕在短视频中常常一同出现，有时字幕本身即是特效。重视这一环节，是因为短视频对特效和字幕的应用相比长视频大大提升了频率，成为画面欣赏的一部分。应用什么字体？什么特效？呈现什么样的效果？这是这一部分承担的工作任务。

音乐是短视频的重要一环。通过比较可以发现，长视频的音乐可有可无，而短视频的音乐却相当程度上承担了表情达意的功能，是必需品之一。作为传递和激发情绪的重要工具，音乐的选择和脚本描述应尽量清晰和准确。

2.1.3 优美而又兼具思想性的解说从何而来

优质短视频虽然从里到外都呈现出精良制作的特性，但其解说的精致程度却尤为突出吸睛。在看别人的解说如泉水般汩汩而来、自然优美的时候，相信我们也会羡慕和思考：这样的解说从何而来？是否具有学习和复制的可能？

首先要明确一点：任何技能都可以学习，只不过难度高低不同而已。虽然精品短视频的解说首先打动我们耳朵的是优美的辞藻，但辞藻却不是修炼的核心。从一定意义上来说，优美的辞藻是思想的副产品，入耳入心的效果首先取决于思想性，而后取决于思想盛开的花朵——词汇的优美。

相信不少人有这样的学习经历：为了所谓的文采，积累名言警句、抄录诗词美文、诵读佳句名篇……并不是说这样做不对，过程并无不对，问题在于出发点：是为了文采还是为了撷取思想？很显然，答案应该是为了学习和体会他人的思想性，而不仅仅是语言的优美。思想就如同一棵大树，语言就如同树上盛开的花朵，如果只看到花朵，就看不到主干的作用和力量，也会忽略花朵的下一段生命历程——果实。在这里，果实就是作品最终达到的传播效果，如果没有主干的支撑，再多的花朵也是无法结果的。

所以，我们在读名著和佳篇时应该怀揣的出发点是：学习作者的思想和表达方式，顺便学习语言的魅力。掌握好主次进行学习就会发现，思想性一旦提升上来，语言的优美和流畅就是自然而然、水到渠成的事情。

另外一个问题是：语言的优美是繁复带来的还是简洁带来的？有人写文章喜欢将文字装点得深奥曲折、晦涩难懂，这个方向是不是正确的？对此，刘军强老师在他的《写作是门手艺》一书中指出，除了部分作品是学术需要和作者有意为之，"大量晦涩文字其实跟难度无关，而是作者在故弄玄虚、故作高明""晦涩变成了扮演高深莫测的'化妆品'，一些作者依靠虚张声势来掩盖内容和信心的双重贫乏"。同时，书中还引用毛姆的话："人们写得晦涩，经常是因为他们没有不辞辛苦地学习怎样写得明白。"

简洁表达是一种能力，能把事情以最短的语言明白晓畅而又优美自然地向观众交代清楚更是一种难得的能力。思想性并不来源于曲折和难懂，相反，只有思想深刻、逻辑清晰的人才能创作出简洁明了的好作品。这一理论适用于所有文字创作，当然也包括短视频。

如果说在学术界深奥曲折有其存在的合理性和必要性，那么在视频界，尤其是强调通俗化的短视频领域，攻向深奥晦涩这个牛角尖可能取得南辕北辙的效果。因此，对于短视频的创作者来说，首先要学习语言的简练和清晰，其次要积累厚度和思想，才能创作出优美性和思想性共存的精品短视频。

2.2 剧情类短视频：脚本至上

短视频作品可以分为虚构类和纪实类两种。常见的虚构类视频作品有：电影、电视剧、微电影等。在短视频领域，剧情类短视频与微电影有相似之处，但它更为简短，不执着于主题表达和外延扩张，着力点也不在人物刻画上，而常以类型化的角色作为系列作品的固定符号，同时融入搞笑幽默等元素，使其成为休闲娱乐类的一种。

由于作品的持续输出需求，这类作品在创作上也进行了大幅简化，角色延续、布景延续、过程相似，呈现简化版的系列剧模式。

值得注意的是，由于需要长期大量地输出，许多创作者打破了虚构和纪实的界限，从真实生活中汲取源源不断的创意和情节，但又经过了加工和改造，呈现出杂糅的作品风格，这也是短视频领域独有的现象之一。

2.2.1 剧情类短视频的特点

剧情类短视频具有与影视剧相似的结构和创作规律，但因其创作环境和收视生态的不同，也呈现出许多不一样的特点。

（1）简化版的系列剧

在传统的概念里，系列剧是一种以单元的形式展开剧情的影视剧模式，它通常有几个主要人物贯穿全剧，但故事情节并不连贯，每集或几集都是一个完整的、独立的单元故事，观众可以连续收看，也可以任意选看其中的几集。

对短视频来说，或许创作者们开始时并未想过系列剧模式，但由于长期不断的作品输出需求，延续相同的角色和置景就成为一种便利。就如同喜剧《武林外传》《家有儿女》，主角们每天在相同的背景下演绎着不同的生活故事，同时每集又会有新人物或新事件的发生，形成当集的主题。

而不同于传统系列剧的是，短视频系列剧的流程更加简化，背景不再宏大，人物不再众多，情节不再复杂曲折，时长也成为短小精悍的模式。一集传统的系列剧中可能有起承转合的故事脉络，而一个剧情类短视频可能只有一个矛盾点或"包袱"，鲜明地体现出亮点即全篇的特色。

（2）符号的重要性超过剧情

一个短视频号之所以"出圈"，一般是由于其具有某种鲜明的符号特征，比如"papi酱"的特征是一人饰演多个角色和她出众的口才；"高矮胖瘦一家人"的特征是一家四口迥然各异的性格特征；"老板与志玲"的特征是傲娇老板和接地气的喜感大姨等。

粉丝最初喜欢这些短视频号，可能正是这些符号特征吸引了他们，这些特征恰好符合了他们的兴趣喜好。而长期的关注则是另一种心态：今天这个人物又会有什么样的招数呢？上次那个动作太好玩儿，感到意犹未尽，还想继续看一个类似的……对于观众来说，这种类似于"边拍边播"的形式不仅新颖有趣，而且形成了一种悬念和期待，这种期待甚至超出了对剧情的期待，形成一种类似观看长期真人秀的效应。也正因为如此，一个短视频号会紧紧

"老板与志玲"账号页面

抓住吸引观众的某一个符号特征，进行长期的垂直深耕，形成独有的特色以增强粉丝黏性。

以"老板与志玲"账号为例，这个系列的短视频最重要的符号就是"老板"和"老秘书"这两个符号，其中以"老秘书"这个符号最为特色鲜明。在系列作品中，"老板"基本还是人们惯性思维里的老板，傲骄、时尚、优越感强；而秘书却打破了刻板印象的人物形象，是一位五六十岁、一口土话的大姨。在两人的日常中，常常是老板质疑和笑话大姨秘书，而又被大姨秘书反驳到哑口无言、无可奈何，以"接地气"打败"洋气"的情节回路形成笑点。

（3）真实与虚构之间的模糊与融合

一般而言，一部影视作品要么是纪实类，要么是虚构类，二者之间有着壁垒鲜明的区别，追根溯源总会将它归为其中一类。但反观短视频领域，许多作品似乎已经不那么好区分。为什么呢？因为创作者长期、大量的作品输出需要源源不断的创意，而最佳的创意来源无疑就是自己和自己的生活。因此，许多作品直接照搬或改动生活的某一部分，创作成为屏幕上的作品，其中既有真实成分，也有虚构成分的存在。而观众们也不在乎其界限的模糊，更愿意把这一现象视为"人设"。人们喜欢这个"人设"，继而喜欢演员本身；但又不会像影视剧领域的粉丝追星，网友们始终保持着一份清醒认知，了解正在欣赏的剧情有虚构的成分，也不会把角色行为完全等同于创作者本人。

2.2.2　一剧之本的创作要领

在影视剧领域，有"剧本剧本，一剧之本"的说法。一部影视剧，需要先有剧本、后有拍摄和制作，剧本承担着内容表达的功能，也是导演用来指挥和组织创作的蓝图。

剧情类短视频也是如此，因为有情节、表演的成分，一份清晰简明的剧本就起着非常重要的作用。但根据短视频的特色，此类剧本不必过于复杂和专业，可以在降低门槛的同时兼顾实际创作情况。

（1）充分考量创作实际需求和既有条件

由于短视频创作多属于自媒体行为，而各个团队或创作者的情况参差不齐，尤其是对于新手作者来说，拥有一个完备专业的创作团队难度较大。如果是从一两个人开始干起，而资金、置景、道具等条件相对简陋，那么剧本就应该充分考虑这些受限因素，从实际情况出发进行策划和撰写。

其次，对于长期深耕一类作品的账号来说，每一个作品的创作流程和创作条件都有雷同，于是，有些元素就可以不必次次标明，完全可以依赖团队成员间的默契和熟悉"自动化完成"。比如，一般正式的脚本都有画面描述、台词、转场、特效等项目，而基于创作团队的熟悉，一些画面描写可以简写甚至不写，只有台词就可以完成整场拍摄。实际上，不少创作团队就是这样做的，效果也不差。于是就出现了一个合理的"悖论"：剧本的不专业正是出于团队的专业与熟练。

（2）在最短的时间内集中刻画一个戏剧冲突

戏剧冲突是剧情类作品的基本创作手法，它指的是两种力量相互对抗的过程，这里既可以是人与人之间的矛盾冲突，也可能是人物内心的纠结，还可以是人物和自然环境或社会环境之间产生的冲突。

对于戏剧来说，有冲突才有戏，冲突让剧情变得紧张、曲折多变，同时可以刻画人物、突出主题，是吸引观众的有效手段。而短视频，由于时间短，容纳不了过多的冲突。能够在最短的时间内集中展现一个戏剧冲突，就成为剧情类短视频的必需功课，也是初学者练手的最好方式。

如何快速进入冲突模式？在长篇的戏剧中，产生冲突必然有前因后果，每个人物都有性格原因和不同动机；而在短视频中，这一系列铺垫都可以省略。人物出场即有充分的理由展开行动，性格可以类型化预设，背景可以通过字幕和解说进行简要介绍，以保证在最短的时间内进入冲突模式。

（3）反转很重要

许多作品追求出其不意的效果，那么就用到了"反转"这一手法。

所谓反转，即向相反的方向发展，在剧中就是一反之前的铺排和逻辑模式，以一种意料之外的方式产生新奇和恍然大悟的效果，它实际上是一种对惯性思维的打破和逆转。

脱口秀中常用反转这一方法。如，伴着伤感的音乐，演员沉痛地说："我一个从小玩到大的发小，刚刚他家人给我打电话，因为他熬夜玩手机……（哽咽）"到这里，按照惯性思维，观众一般会推理出这个发小应该是因为熬夜猝死了或者病倒了。但是讲述者话锋一转："因为他熬夜玩手机，一晚上没睡觉……"从沉痛到爆笑，这是反转带来的喜剧效果。

那么，反转有没有模板可以直接套用呢？其实反转的逻辑模式就是负—负—负……—正，也就是一路引导观众向一个方向思考，却在某处突然急转弯，转向另一个相反的方向，形成或惊悚或意外或爆笑的效果。

某饭馆内，一个富人和一个流浪汉分别坐在一张桌子的两端等待用餐。这时服务员端上来一份比萨，富人拿了一块，流浪汉也从盘子里拿了一块。富人既惊讶又有点生气（自己的食物被别人无礼取用自然生气），但是并没有说话。就这样，两人你一块我一块，直到最后一块被流浪汉拿走，富人终于忍不住爆发了："你不知道拿别人的东西很没有礼貌吗？"就在这时，服务员又端上来一份一模一样的比萨，对富人说："这才是您的比萨。"富人这才恍然大悟，原来一直不礼貌的人是自己，而流浪汉才是那个一直在包容他的人。

在这个故事里，反转出现在最后处，前面大部分剧情都在故意误导观众，以两人的身份差异、富人的态度等暗示吃白食的是流浪汉。但最后真相大白，反转出现，直指人心的教育意义也得以彰显。

2.2.3　台词对白设计要点

台词即是剧中人物角色所说的话。对于简化版的短视频来说，剧本之上可以不写如何运镜，甚至可以不描述镜头内容，但是台词却是必需的，否则就成了演员的即兴表演。

台词对白的功能主要体现在两个方面：推进剧情发展、刻画人物形象。因此，成熟的编剧会为台词设计丰富的信息，在最短的时间内饱满地完成多项任务。在创作中，具体来说要注意以下几点。

（1）台词要符合人物角色的性格特点

每个人都有不同的性格特征，因此说出的话不会是一样的，内容不一样，腔调、语气也不一样。如果剧中所有人物说话都一个腔调，或者一句话谁来说都可以，那么人物就失去了性格特色，角色形象就会模糊一片。**什么样的人就说什么样的话，这是撰写台词应把握的第一项准则。**

"高矮胖瘦一家人"的系列作品中，女儿内秀、冷幽默，妈妈傲娇、自信爆棚，她们的性格差异在台词中体现得淋漓尽致：

> 女儿心心："我爸180多斤，我妈80多斤。"
> 结果爸爸拧不开的罐头瓶盖被妈妈轻松拧开。
> 妈妈："吃那么多饭，有什么用？哼！"
> 女儿心心："这是在讽刺我吗？"

如果想在台词领域进一步学习和提高，还可以阅读比较小说名作和普通小说作品，从中感受台词与人物之间的关系与差别。

（2）优秀的台词对白作用强大

既能推动剧情发展，又能展示人物性格、介绍人物关系，还能补充观众所不知道的其他背景信息——优秀的台词对白具有强大的作用。

我们来看电影《捉妖记》中，男主人公出场后与奶奶的一段台词对白：

> （天荫到家与奶奶对话）
> 宋天荫："奶奶！"
> 奶奶："你是谁？"
> 宋天荫："天荫啊！"
> 奶奶："天荫是谁？"
> 宋天荫："你孙子啊！"
> 奶奶："我孙子是谁？"
> 宋天荫："你儿子的儿子！"
> 奶奶："我儿子是一品御前带刀侍卫宋戴天！"
> （……）
> 奶奶："奶奶要离家几天，我找你爹去！"

宋天荫："奶奶！你都找了那个坏蛋这么多年了，不用再找了吧？"

奶奶："你爹是天师堂的大英雄。"

宋天荫："抛妻弃子算什么英雄！懦夫！"

这段对白可以分层次拆解为这样几层：第一层，是天荫与奶奶的一段对话，交代二人的人物关系，同时通过天荫对父亲的埋怨又交代了父子二人的情感状态；第二层，交代天荫父亲的人物信息，带刀侍卫、抛妻弃子，这是背景介绍；第三层，奶奶要出门找天荫的父亲，这是剧情推动的作用；第四层，从对话中表现出奶奶的痴呆症状，和天荫嫉恶如仇的脾气，这属于性格塑造。这样，在贴合人物身份和性格的对话中，一系列相关信息都交代清楚了，为剧情的发展做好了铺垫。

（3）台词贵精不贵多

有些初学编剧的新手还会走入另一个误区，就是喜欢写大篇幅的台词，试图用台词涵盖太多内容。台词的功能是很强大，但并不是越多越好。就如上文所引案例，宋天荫与奶奶的对话寥寥数语，节奏很快。同时，作者也并没有打算仅用这一个片段就把人物关系、性格、背景等一股脑全部交代出来，有些信息也不完全是靠台词带出来的。在后续的发展中，相关的信息一点点展示，就如一幅画卷徐徐展开，让观众一点点拼好故事的拼图。

对于写文章来说，向来是写长容易写短难。如何锤炼简洁的文风，如何锻造简练的对话，如何打造合格的台词，这些既需要学习和练习，也需要在生活中观察和积累经验。

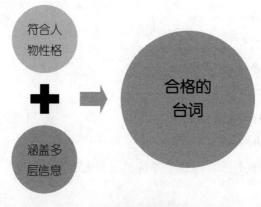

台词的基本要求

2.3 微纪录类短视频：
需要"选择"与"提炼"能力

与剧情类短视频相对应，微纪录类短视频属于两大类之中的另一类——纪实。如果说剧情类短视频是从微电影和系列剧中脱胎而来，那么微纪录类短视频则是纪录片的"缩影"，它以更短的篇幅、更快的速度触及人间真实、社会万象，带给观众来自真实与客观的力量。

当然，如果纯粹以纪实与虚构来划类别，那么资讯类小视频也属纪实一类。为表区分，本节所探讨的微纪录类短视频相对略长，有一定人物刻画和事实叙述，是保留了纪录片基本特性的一个类别。

2.3.1 微纪录类短视频的特点

微纪录类短视频首先秉承了纪录片的基本特征：真实、客观，同时又依托网络的特性对其内涵和外延进行了拓展，最终形成自己的特色。

（1）保持了纪录片的基本特征

要认识微纪录短视频的本质，需要先了解它的"母体"——纪录片。

纪录片是以真实生活为创作素材，以真人真事为表现对象，并对其进行艺术加工与展现的，以展现真实为本质，并用真实引发人们思考的电影或电视艺术形式。

从纪录片的定义可以看出，真实是它的核心和首要特点。与虚构类作品完全相反，纪录片的影像素材取自真实生活，要求不能随意改编事实本身，但可以表达作者个人观点，而这正是纪录片文案的最大价值所在。

陈国钦在《纪录片解析》中说："纪录片所追求的不是真实本身，而是一种'真实的境界'，对真实的追求也并不意味着：再现真实就是纪录片的最大价值。因为这里真实并不是指客观现实的真实，而是创作者主观感受的真实。""我们每天都生活在'真实'当中，我们还要'真实的影像'做什么？纪录片存在的意义在于它是对生活的一种转译，是创作者把他对生活的读解告知观众……"

作为一种"转译"，纪录片在传达真实的同时也是表达个体思想的载体，它与虚构类作品通过演绎传达主题类似，但相比起来更直接、更一针见血。

那么，如何通过真实发生的影像传达创作者自己的思想呢？这个问题也可以换一个方式：为什么都是相同的素材，不同的作者却可以表达不同的主题？答案就是选择和提炼的能力：真实生活不可更改，但可以选择自己需要的片段；真实生活并无目的，但可以提炼其中体现的别样意义。这就是纪录片能够在真实基础上实现个性化表达的原因和途径。

也就是说，纪录片实际上具有这样几个重要特点：真实、客观，在此基础上进行选择和提炼，以表达作者的感悟和思想。这就是纪录片的应用逻辑内涵。

（2）简化且属性升级

在短视频盛行之前，纪录片一般作为一种长篇作品出现，因为想要用真实表达思想，就要容纳真实发生的时间。与此同时，纪录片的创作者力图将自己隐藏在作品之后，努力用真实的影像让观众自己体悟，切忌主题先行、情绪泛滥。

这一点在短视频中发生了改变。短视频很短，它可能只是生活中的一个片段，或一个细节，它就像是真实生活的一个切割面，却让观众更容易聚焦和看清真实的状况，因而简洁、明快、主题鲜明。

微纪录类短视频虽然在时长上不占优势，却因其创新和改造更适合网络时代的生存。

① **加重随机采访，记录真实瞬间**。要想快速切入生活本身，人物采访是最好的方式之一。街头采访、突击采访、同期访谈……对被采访对象来说这些活动都是偶发的，对创作者来说选择可能是随机或半随机的。而正因为这些偶然性、随机性，这些采访显得更为真实可信，观众和创作者一样期待接下来会发生什么。

② **以对话代替画面交代背景和事件信息**。相对于具象的生活细节，语言是高度凝练和抽象的。正是出于这一便利，采访和对话可以交代许多复杂的背景信息，让观众迅速了解人物所处环境和遇到的问题。一位创作者在街头采访一位送外卖的年轻妈妈，通过对话得知这位妈妈只有21岁，丈夫去世后

带着孩子出来以送外卖为生。整个视频画面都是二人在街头的对话，所以大量的信息都是通过被采访人的叙述解释出来。在4分钟左右的篇幅里，从拧瓶盖的小事切入，到得知刚刚21岁就有了宝宝，再到得知因为在婆家无法安身所以带孩子出来打工，最后是坚强不屈的精神表达，整个过程感人而生动。从情绪上说，经历了小恶搞、惊讶、感动、同情、正能量传递等几个转折变化，所以虽然都是在对话，却一点也不枯燥。面对这样大量的信息，如果把采访和对话换成其他方式，恐怕需要拉长十倍的篇幅。这就是语言的魅力。

③ **以简洁突出的细节取代漫长繁复的生活过程记录。**正如上文所述，在纪录片中，很多信息是通过拍摄生活细节所展现的，但具象的细节要组合表达一个概念就需要拍摄量很大、时间很长。受时长所限，微纪录类短视频舍弃了这种拍摄组合的方式，换成以一个或几个更简单的细节来进行放大和突出展示，不追求完整和细腻，而追求立意明确、亮点突出。也就是说，纪录片更擅长展示一条生活"线"，而微纪录类短视频更倾向于展示一个或数个"点"，它们之间产生了较大差异。

（3）直抒胸臆，表达情绪

纪录片为了保持它的客观和理性，通常讲究不直接表达观点，更不会直接表露情绪。而微纪录类短视频则不同。在这一点上，它更符合短视频"情绪经济"的特征，不仅直接表达观点、表达情绪，甚至会直接呼吁观众，以引起更多注意和更深影响。在这里，创作者不再隐藏在幕后，而是站到作品前面，以热烈的语言直接输出观点和思考，力图在喧嚣混杂的网络丛林中争取关注和共鸣。

一只流浪狗妈妈穿过湍急的洪水营救自己的孩子，在岸上众多群众的围观和关切中，它勇敢而机智地完成了任务。在叼着狗宝宝回到岸上时，短视频的文案是这样写的：

"这时，狗妈妈用嘴叼着狗宝宝从人群中穿过，感动了在场的所有人。在场的群众也为它让开道路，像迎接英雄一般为它鼓掌欢呼。最后狗妈妈成功地将宝宝救了回来。在困难面前，它用生命去守护自己的孩子，实在让人感动。万物皆有灵性，为母则刚。它这种一个都不能少和永不放弃的精神值得我们一起为这只狗妈妈点一个大大的赞。人间有爱，让爱洒满人间，我们一起传播正能量。"（来自抖音号"五彩泰安"）

从这段文案我们可以感受到非常强烈的主观意识和情绪表达，这种写法与传统纪录片大相径庭。换句话说，短视频不再等待观众自行揣摩和发现，而是选择直接表达、直接抒情，唤起观众的同理心以达到共鸣的目的。

2.3.2　如何用文案"选择"和"收纳"拍摄内容

不同于虚构类作品根据剧本而有序创作，纪录类作品因为是对生活真实无干预的记录，所以素材一般呈现分散、随机、条理性差等特点。这时候，文案的功用就更多地体现在对素材的"选择"和"收纳"上。

一般来说，纪录类作品的创作流程是这样的：

选题—制订拍摄提纲—采访和拍摄—梳理素材，确定主线—撰写解说，确定选用内容—剪辑完成。其中，文案最主要用在拍摄提纲和解说词这两个板块。

（1）拍摄提纲要简洁实用

在视频拍摄之前需要一份简洁的拍摄提纲。拍摄提纲一般是条目式的，目的是方便编导和摄像共同参考，是拍摄时的依据。比如，要拍摄一个农民画家，拍摄提纲可以是这样的：

1. 与画家见面的同期记录。
2. 主人公作画。
3. 画作的特写拍摄。
4. 主人公外出采风。
5. 主人公生活的其他侧面，与家人相处、做饭、采买等。
6. 主人公与同行朋友间的谈话。
7. 采访，包括主人公和家人、朋友以及相关专家。

拍摄提纲的条目是依据什么而列出来的呢？主要是根据视频创作经验和生活常识。对一个人物的展现要涉及多个方面，不仅要有他的主业，还要有他的生活；不仅要采访他本人，还要采访他的家人、朋友和本领域专家，为的是从各个侧面佐证相关事实、描写人物形象。

（2）解说词/字幕文案负责统摄全局

有的短视频有解说词，有的则用字幕文案代替，不管是哪一种方式，都是以语言来进行阐释。

《舌尖上的中国》第一季执行总导演任长箴曾提出一个观点：君臣佐使，解说词是君，画面是使。也就是说，在一个视频中，解说词处于主导地位，画面处于被支配和调动的地位。这不是对画面的贬低，相反，任长箴导演是一个"技术控""画面控"，她非常热爱钻研拍摄设备和画面拍摄方法，但是她依然强调解说词为第一位，强调语言的重要作用。

在短视频领域，这一点更为突出。素材多且散乱，解说/字幕以提纲挈领的优势选择可用内容，将素材安排有序；素材含义不清，解说/字幕以清晰地表达传送信息；素材与素材之间缺少过渡和衔接，解说/字幕可以转换场景、丝滑过渡；素材本身无法体现主题高度、传达强烈情绪，解说/字幕可以畅所欲言、直抒胸臆以引起共鸣。

我们通过以下一个解说词的片段进行功能分析：

解说：今年86岁的张传玺教授住在北京的蓝旗营，保健医生告诉他最好不要再离开北京。（指导画面展示主人公居住环境）

得知我们要采访关于涛雒的旧事，张教授在镜头前一谈就是两三个小时，这样的讲述进行了三个下午。（衔接采访）

采访：略。

解说：听说家乡涛雒的圩子要重建，张教授高兴得一口气画下了这张涛雒平面图，隔了半个多世纪，儿时记忆里的那些街道、商铺依然历历在目，宛在眼前。（指导画面展示平面图，并从平面图自然过渡到所绘地方的实景拍摄画面）

19世纪中后期的中国大地上，太平天国起义军和清军正进行着生死决战。各地趁势而起的土匪、流寇不计其数，治安环境十分恶劣。（指导画面切入史料镜头）

1860年，涛雒人丁守存从湖北督粮道的任上奉旨回乡办团练，他敏锐地意识到了家乡涛雒面临的危险，极力动员大家修城墙以自保。（指导画面复原旧时场景）

从这个段落可以看出，在素材多样的情况下，解说词像向导一样指挥着各个镜头画面各归其位，有序、清晰地表达事实、阐释主旨，这就是文案组织功能的体现。

2.3.3　用文案提炼精神、提升格局

对于纪录类作品来说，解说/字幕还有一个很重要的功能，那就是提升格局、表达主题。

如前文所引用的狗妈妈救子的短视频，如果没有文案，全片就是一只狗来回奔忙的画面，经辨认看出是叼回一只小狗，但其他信息尤其是情感因素却看不出来。文案用了这样的句子："在场的群众也为它让开道路，像迎接英雄一般为它鼓掌欢呼""在困难面前，它用生命去守护自己的孩子""为母则刚"……在这些语句中，事实描述掺杂着情感表达，将原素材的格局进行了提升，同时直接表达主题思想。

如何才能具备提升格局的能力，如何才能写出让人印象深刻的观点呢？换句话说，如何才能让作品凸显与众不同的深度和高度呢？具体可以从以下几个方面入手练习。

（1）讲情怀

情怀是一种高度和胸怀，是升华后的情感表达。

首先，这种情感不是个人化的表达，它更侧重于集体化的情感表达。正因为是集体的，才能够引起理解和共鸣。举个简单的例子，怀旧是一种情感表达，但如果非常个人化的经历就很难引起他人共鸣。而一些共同的经历，如小时候玩的游戏、常做的事情、老村的旧貌等，在这些共同的记忆之上表达情感就容易引起共鸣，也就形成了一种情怀表达。

其次，情怀是一种升华。如果是普通的情感表达：我爱你，这算不上情怀；但如果是"我爱祖国""我爱这世间的一切"，这就上升到了情怀的层面。换句话说，情怀代表了人性的高度和思维的宽度，它指向的是人类共同认可的价值观。

（2）加信息

如果局限在事实本身或者所采访拍摄到的素材内容，那么就只能就事论

事，不容易有高度和深度的体现。这时，可以加信息补充，丰富和完善素材本身的内容，让观众对事件和人物有更多的了解、更深的认同。

可以添加的信息包括：时代信息、地域特点、人文风貌、大政方针以及人物关系、事件关系等，这些可以用来阐释人物行为动机和事件背景信息，将小事件、小人物放入大环境和大时代背景之下考量，让观众更深刻地理解人物和事件的合理性。

（3）换角度

一个事情别人都在用同一个角度讲述，如果你换一个角度，以别人想不到的视角来阐释，反而更容易引起公众的关注。

每当网络上出现一个热点新闻，各视频号会纷纷参与其中，进行创作、转发、评论。一对婆孙的"平移插队事件"成为网络热点，且网友一边倒地对插队的婆孙进行批评，有人还制作出了二人的表情包进行售卖。在事件愈演愈烈之际，《人民网》发文《讨论"平移插队"事件不能滑向违法边缘》，提醒公众对事件本身可批评，但不能进行过分网暴，售卖表情包一类的行为更是涉嫌违法。在一众吵闹声中，《人民网》的发文无疑起到了明是非、正视听的重要作用，这便是转换视角的有效例证。

（4）用好文眼和金句

关于文眼和金句，我们在前文已经有所论述，这里再分享几个例证。所谓文眼，一般指能体现主题思想的词句，尤其是经过思考和升华之后的思想结晶。我们都对"画龙点睛"的故事耳熟能详，"文眼"就是一双能让整个视频活起来、亮起来的眼睛。

在上文所引用的人民网评论中，其文眼是："'平移插队'事件可以引发有关文明的讨论，但是不能失焦，不能跑偏，不能滑向违法边缘。"从这里可以看出，文眼是对主题观点的高度概括，它鲜明而独特、简洁而深刻。

而金句与文眼有相似之处，都是思想的高度凝练。不同之处在于，金句可以不体现主题思想，单纯体现作者的思想智慧、灵光一现。让我们来欣赏备受网友喜爱的《人民日报》金句：

世间因少年挺身向前，而更加瑰丽。

新长征路上，有风有雨是常态，风雨无阻是心态，风雨兼程是状态。

追求的后面没有句号，人生也永远没有太晚的开始，只要你听从内心的召唤，勇于迈出第一步，人生的风景就永远是新奇的、美妙的。

岁月漫长心怀热爱，携手共赴星辰大海。

不论是文眼还是金句，都是作者对生活的深沉思考和勇敢发声，它们以简洁、优美、深刻打动人心，对观众起到启迪和鼓舞的作用。

2.4 情感认知类短视频：文案要体现人性和专业度

随着社会经济的快速发展，人们开始越来越重视自身认知水平的提升。一方面，大家需要更好的认知能力、更平稳的精神状态以应对日益繁忙的工作和生活；另一方面，社会压力也加重了人们的精神和心理负担，人们需要精神层面的新知识、新技能，以求破解心灵困局。

有需求就有市场。如今，社会上各类"心灵导师"层出不穷，良莠不齐的各种心理培训班备受欢迎，网络上各种情感认知类短视频号也应运而生。这一类的短视频大致可以分为两类：一类是情感疏导类，不强调心理学知识的专业性，从情感和日常生活经验方面给出建议和抚慰；一类是专业水平较高的认知常识普及，从心理学角度给出专业建议。而从观众的角度出发，不论哪一类，都需要有较丰富的生活经验、较深刻的认知水平，希望能够给出解决实际问题的方案。

2.4.1 情感认知类短视频的特点

情感认知类短视频指向的是内在的精神需求，它可以追溯到广播电台比较盛行的情感调解栏目。这样的栏目一般是延请比较资深的情感专家，对来电听众的各种情感问题进行解答。而后，电视上也开始出现各类情感调解节目，比如一家人现场争论、专家进行分析和劝导等。而发展到网络之后，由于移动客户端的私密性质，人们更喜欢静静地品味一些专业解答，希望得到点拨、启示，缓解内心的焦虑、抑郁，解决日常生活中遇到的不快和问题。因此，网络上的此类短视频特色最突出的是主播讲述类，主播出镜或不出镜，同时辅以情景画面增强感染性；还有一部分是短剧类，创作形式参考本章第2节关于剧情类短视频的分析，此类形式本节仅涉及内容要求。

（1）主打共情文案

情感是一个永不过时的热门话题。而人除了情感，还有七情六欲的各种情绪。于是，爱情、亲情、友情，以及喜、怒、哀、乐、愁等多种情绪交错出现，不断影响着生活中的人们。

有情则会有烦恼、有欲望，高兴了希望与人分享，郁闷了希望得到排解，遇到情感难题了也想与人一起讨论、解决。于是，此类短视频就主攻这一个方向，在人们经常会出现的情感、情绪上下功夫，选择简洁的文案、或豁达或缠绵或嫉恶如仇的文风引发观众的代入感，以情感疗愈等为目标形成共情和共鸣。

如："最近的焦虑都被这段话治愈了，人生是用来体验的，不是用来演绎完美的，我慢慢接受自己的迟钝和平庸，允许自己出错，允许自己偶尔断电，带着遗憾拼命绽放，这是与自己达成和解的唯一办法。希望大家都能够放下焦虑，和那个不完美的自己和解，然后去拥抱那个完整的自己。"（来自抖音"小李同志呀."）

这段文案聚焦现代社会的内卷和焦虑现状，将心理学专业知识化为家常话、贴心话，同时又带点小清新和文艺范儿，实现与观众交流分享、共情共鸣的目的。

又如："最近我刷到一句台词特别喜欢，我很爱你，但是我不喜欢你了。意思是，你依然让我觉得美好且心动，但是，我已经没有力气和勇气再去拥抱你。"（来自抖音"情感·深处"）

这段文案则是聚焦爱情领域的一种现象，在爱情中沉沉浮浮的青年男女们很容易从中找到共鸣的地方。所以，它虽然没有解决方案，但依然以共情的特质受到点赞和转发。

"一直不明白，为什么有的人你不找他，他也不会找你？也许，他可以有问必答，但却从不主动发起谈话。现在想明白了，他不找你，是因为他不想找你，他只是在陪一个比你更重要的人，或者是在做一件比你更重要的事。但你不找他，却是你一个人在硬撑，他也许还在庆幸你没有打扰他。你以为不主动会错过，在他眼里却是一种解脱。你和一个不在乎你的人比心狠，永远没有胜算……"（来自微信视频号"一禅小和尚"）

这段文案以细腻的笔触、娓娓道来的旁白分析人际关系的一种矛盾状况，对一些在生活中遇到困惑百思不得其解的人可以起到醍醐灌顶的效果。

现代社会节奏很快，人与人之间的面对面交流、谈心式的交流越来越少。但人们都会有心事、有烦恼、有被理解和认可的需要，这种需要因为生活压力的加大只增不减。短视频虽然不是面对面交流，但却以知心人的身份出现，懂你、爱你、关心你，知你所知、想你所想，与你一起分享快乐、共担痛苦，如何不让人喜爱呢？

因此，这一类短视频需要在文案上注入心力、情感，要能够拨动心弦，还要有洞察世事、慰藉他人的能力。

（2）"文案+音乐"为核心的创作模式

基于文案内容，再配以感染性强的音乐，这是情感类短视频较常用的创作模式。在此基础上，多种其他元素的加入也丰富了此类短视频市场。

• 文案+音乐+真人念白：真人出镜会产生面对面交流的互动感、可信度，因而增强吸引力。

• 文案+音乐+风景：比较适合治愈类文案，大山大河的风光可以起到开阔心胸的目的，同时也有欣赏作用。

• 文案+音乐+动画：如"一禅小和尚"，以动画情景再现场景，或是表现师徒二人对话，体现出新颖优质的制作水平。

• 文案+音乐+剧情：这一类是将直接独白改为情节演示，通常由几个演员对情感问题进行演绎，通过生动的情节和矛盾冲突表达主题。

• 文案+音乐+影视剧片段：这一类短视频是将影视剧中某段情节进行重新剪辑，借影视角色的经历和言行表达中心思想。

从这些多变的形式可以看出，文案和音乐是情感类短视频的核心，而在此基础上可以根据需要和实际条件创新性添加各类元素，打造自己的特色和符号。

（3）低投入、高产出

相较于其他种类短视频，"文案+音乐"的简单制作方式不仅降低了成本，也降低了制作难度，因而可以持续、大量地产出。当然，如果想获得长期优质发展，还需要在多个方面更加用心，如"一禅小和尚"采用的是情景动画，成本升高，而特色也更加鲜明和吸引人。

2.4.2 "三不""三要"的文案要点

文案对情感认知类作品来说如此重要，因此锤炼文案就成了此类短视频最主要的任务。那么，什么样的文案才是合适的？有哪些需要规避的问题呢？本节总结了"三不""三要"的创作要点，希望对读者有所帮助。

（1）"三不"：不空乏地励志、不越界、不庸俗

① **不空乏地励志**。"心灵鸡汤"曾一度是备受欢迎的文体，但随着人们认知水平的提高和审美偏好的改变，"鸡汤味"的语言越来越显得淡而无味、隔靴搔痒。究其原因，在于人们需要解决的情感困境是复杂多变、常变常新的，而"心灵鸡汤"却脱离生活之外，以不接地气的方式试图解决问题，所以常常是无功而返的。同时，真正的"心灵鸡汤"尚有营养可言，可许多文案想模仿"心灵鸡汤"而不得，只是空乏地励志，却因为缺乏生活常识和心理专业素养而显得粗糙、无效。

② **不越界**。"边界感"是现在人们常提的一个名词。什么是边界？通俗来讲，就是指"你的问题是你的课题""我的问题我自己解决"。也就是说，人与人之间要保持相对独立和分离，不要纠缠在一起，各自的问题各自解决，各自的功课各自承受。不越界，本质上是对人格独立的尊重。比如，闺蜜遇到了情感问题，作为朋友是否应该出手帮助？应该，但不应过度介入，不能越俎代庖。又比如，女儿谈了男朋友，当妈妈的是不是应该考察一下呢？作为母亲，帮助女儿提出意见和建议是应该的，但不能以控制人的姿态过度插手甚至命令，否则就是越界。在情感认知类作品中，创作者同样应该保持清

醒的认知：可以尽力而为对观众进行引导和慰藉，但不要妄想做任何人的救世主。

③ **不庸俗**。这就涉及了专业度的问题。在解答情感问题的时候，是鼓励退让还是步步紧逼？在回应观众求助的时候，是恨铁不成钢还是克制冷静？这些方面的表现代表了创作者的专业性，不能像路人一样仅凭一己好恶给出建议，也不能在别人的问题上随意发泄自己的情绪，更不能给出偏离正常轨道的答案。

（2）"三要"：要亲切，要接纳，要向上

除了应该注意的禁忌，还要有应该具备的素养和底蕴。这体现在作品中就是亲切、接纳和向上。

① **要亲切**。没有人会对冷冰冰的语言感到理解和接受，也没有人喜欢拒人千里之外的语气。所以，此类作品的格调要保持亲切，就如同知心姐姐一样保持和婉的态度，使观众在温暖的氛围中接受作品。

② **要接纳**。就如同母亲对犯了错的孩子永远敞开怀抱一样，情感类作品要以悲悯的胸怀接纳一切、接纳观众。不论是什么样的问题、什么样的人，都首先认可和理解，然后根据实际情况给出解答和帮助。不要一上来就以高人一等的姿态鄙视和轻视他人。只有被理解、被认可、被接纳，观众才会对作品产生认同和共鸣。

③ **要向上**。与作品要保持正能量是一个道理，在此类劝导人的短视频中，尤其要注意保持积极向上的态度，不论是给口渴的人一杯清水，还是给溺水的人一块浮板，创作者要对自己的作品具有使命感和责任感。

2.4.3 洞察本质、拨云见日的能力

有人说，世界上最深不可测的就是人心。而情感认知类作品的主攻课题恰恰是人心所生发出来的种种情感、情绪。这给创作者提出难题，但也给出了努力方向：洞察本质、拨云见日。

（1）世事洞明，解决实际生活问题

《红楼梦》里有一副著名的对联：世事洞明皆学问，人情练达即文章。

我们身处一个讲究人际关系的社会，传统的家族聚居式生活又产生更多

的人情往来学问，因此，在人际关系方面产生的问题比比皆是，亟待解决。有人在职场上遭遇剥削，有人在与友人相处中产生龃龉，有人与邻居产生摩擦，有人在原生家庭里备感压抑。这些大大小小的问题放在承受力弱的人身上就如同一座座大山，压得人喘不过气来。这时候，如果有人能够洞悉本质、一针见血地指出问题所在，给出有力建议，那么就像是给久病之人开出了一剂救命良方。

因此，具有丰富的人际关系处理经验是一大创作优势，它可以非常有效地帮助他人解决实际问题，进而解决心理难题。

（2）心理学素养，解决内生情感问题

问题的产生一般有外在和内在两个方面的原因，情绪问题的内在原因就涉及心理学知识。因此，储备一定量的心理学知识，提升专业素养，对账号的长远发展不仅有益而且必需。

（3）积累生活经验，积淀换位思考和共情的能力

还有一种能力不是仅凭学习就可以得到的，那就是对人的共情能力。一个阅历浅薄的人可能会有天生的同情心，却很难对身处复杂处境中的人有理解和共情，这是社会阅历和生活经验中才能生发出来的力量。因此，想在情感认知领域进行深耕，就要保持对生活的热爱，投身到滚滚红尘之中去历练、去感受，这样才能在他人面对相似处境时及时给出合理建议。

2.5 知识技能类短视频：文案以精准实用取胜

在短视频的类别中，有一类是以实用为主，或是美食制作方法，或是身体护理小技巧，或是科普小知识——在短至几分钟甚至几十秒的时间内迅速传授一个技能或者传达一个知识点，让观众在碎片化的时间内实现学习和技能提升的目的。

知识技能类短视频为什么会在近几年数量激增？

第一个原因是社会竞争压力的加大促使大家想方设法提升自己，而缺少整块时间的人们只好利用碎片化时间来见缝插针地学习。

第二个原因在于网络的交互性带来的便利，网友数量庞大、知识技能种类繁多，想要什么答案、想学什么知识技能，"万能"的网络总会拿出解决办法，这样的便利性也让网上学习的魅力大大增加。

第三个原因要归功于这类短视频创作者的创新意识，他们将原本枯燥的知识想方设法转变为内容生动、形式有趣的短视频，让人在嬉笑怒骂之余掌握知识干货，这怎么能不受欢迎呢？而越受欢迎，观众群就越庞大，也就越发刺激了生产方的规模扩大。

万变不离其宗。知识技能类短视频在有趣、有料的同时，主体内容还是要以实践应用为目的。

2.5.1　知识技能类短视频的特点

顾名思义，知识技能类短视频是以传授知识和技能为其核心，同时兼有短视频的娱乐化形式，具有独有的风格特色。

（1）硬核干货为主

早在短视频盛行之前，网络上就已经有了知识付费的热潮。知识付费主要倾向于系统化知识的学习，它的模式借鉴了传统线下教学，并进行了一定程度的创新，以适合网络传授。

而短视频则打破了这一模式，将系统化知识转化为碎片化模式，将长时间的技能学习切割成小块"零售"，实现了知识和技能学习的碎片化、机动化、生动化。

对于观众来说，他们观看此类短视频的目的非常明确，那就是以获得知识和技能要点为主、娱乐和休闲为辅。而要在短时间内传授知识和技能，必然要充满硬核干货，给观众带来实实在在的用处。

如抖音号"邹大瑞"标签为"冷水财经，百问成精"，将生活中人们容易产生的疑问以动画等场景模拟的形式进行解答。这些解答类短视频多从工作、生活切入，属于人们平常关切的内容，因此受众颇多。

（2）内容集中单一，适合碎片化学习

这类短视频非常符合碎片化学习需要，短则十几秒、长则几分钟，能够在如此短的时间内学会一个技能、了解一个知识，这带给观众一种充实的获得感。

如美食类账号"腊月小九"是以传授美食制作技巧为主，在三分钟时间内讲解一种美食的制作；医学科普类账号"心血管王医生"专注于心血管类的医学知识普及，将平时与大家关系密切，很多人却又不太懂的医学知识讲得通俗透彻，用几分钟时间将平时看病时看不懂的化验单、平时不理解的医学现象等介绍明白；"先生（手机摄影）"则专注进行手机拍摄剪辑教程，帮助大家开发手机摄影和剪辑的用法，有时一个小技巧的介绍只有十几秒，能够让人迅速学会和掌握。

这些短视频每一集的知识和技能介绍都集中单一、不蔓不枝，保证观众在没有审美疲劳之前就结束讲解。一次一个小知识、小技能让观众学习起来没有负担，而碎片化的时间因为被利用了起来，也带给观众一种"时间没有虚度"的满足感。

（3）生动有趣的形式

最初的短视频是为休闲娱乐而生，作为人们紧张工作和压力生活下的放松模式，短视频这一基本功能一直未变。而知识技能类短视频主打硬核干货，如果不加以创新也不容易吸引观众。因此，这类短视频很多都应用了生动有趣的形式，如动画、场景再现、情节故事的加入、个性有趣的语言风格等。

如美食类账号"腊月小九"加入了情节和场景，为美食制作的前提增添趣味性。而同样是美食类，"我是不白吃"的标签其中一句是"一样的美食，不一样的解读姿势"，将美食与动画、历史相结合，再加上调皮有趣的语言风格，将美食或与美食相关的事物追根溯源，让观众既了解了真相，又学习了历史知识，一举多得。

（4）科学专业的创作力度

硬核干货的输出背后是硬核专业的科学态度。每一个知识技能的讲述，不论看起来多么轻松、不羁，内容却一定要真实、客观、扎实、专业，不能带有欺骗和糊弄的成分。所以，它的创作是有坚实理论和实践基础的，不能随随便便对待，唯有真诚的知识才能打动观众。

2.5.2　清晰简洁的文案风

本着实用的目的，向观众展示的文案风格也应该清晰、简洁，争取一听就懂、一看就会。

如何才能获得这样的文案效果？可以从以下几个方面入手练习。

（1）内容纯粹集中

一个短视频只讲一个知识点，只传授一个技能，讲完即收，不要过度渲染，砍去枝枝丫丫，只留问题主干。

比如要分享三个肩颈的放松动作，那就非常集中地只讲这三个动作；如果连篇累牍地想分享腿的健康动作、瘦肚子方法，那就会贪多嚼不烂，不仅啰嗦，更分散了主题，观众也不会买账。

而如果想分享一个关于明朝的历史趣闻，那就只讲这一个趣闻及有关；如果好为人师，想加入更多内容显得博学多才，就会耽误观众"快速直接学到手"的目的。

（2）逻辑清晰简洁

少拐弯抹角，少用倒叙插叙，用一目了然的一条主线清楚讲述，让观众不用费太多脑力就能看明白。

每个创作者都有学习的经验。按照人学习技能的经历，应该从哪个地方开始入手？如何讲流程会更清晰？哪个环节需要重点阐述？最后的结果又会如何？这些关键的节点需要重点布置。

而作为纯知识类学习来说，怎样才能把一个道理或者事实描述得更清楚？哪个知识点是跟观众现实相关的？哪个知识点是观众最想了解的重点？按照这样的思路，讲述将清晰简洁、详略得当。

（3）开门见山，直入主题

写文章有多种开头方法，而对这一类短视频来说，文案最好开门见山、直入主题，毕竟时间有限，观众的耐心也有限。

要做到开门见山，就要减少一些"网络通病"，比如："标题党""噱头多"等。"标题党"喜欢以煽动性的语言起标题，与内容的平淡匮乏形成冲突，偶有为之可能会吸引流量，但长此以往对账号的打造极为不利。噱头是另一种惯用的套路，在内容之前加上华而不实的包装，其目的与"标题党"类似，都是为了吸引观众注意力，但对塑造长期的粉丝黏性却是弊大于利。

要做长久的账号，就要用真诚和实实在在的高品质内容吸引人，短视频也不要做无谓的招揽，内核过硬是最根本的，在此基础上再追求形式灵活多变。

（4）一分钟法：减轻观众心理负担

在网上常会看到这样的"话术"：一分钟学会炒某菜、三分钟了解某朝代历史、一招搞定某某麻烦……不管是提示时间还是提示过程的简单，目的只有一个：向观众预告本视频的内容简便易学、易懂。有人将这个方法简称为"一分钟法"，意即提前预告时长，让观众更容易接受和进入学习过程。

当然，预告和实际时长要相符合，说是一分钟，就不要成为两分钟，否则容易失信于人，让观众有被愚弄之感。

2.5.3 加点有趣的料

知识普及、技能学习久已有之，在学习条件如此便利的当今时代，短视频以什么优势胜出呢？除了依赖网络先天的优势，抓住网民注意力稀缺的特点，还有一点非常重要：有趣。

正如前文所述，短视频的特性中天然带有对趣味性的追求，从搞笑短视频到休闲娱乐短视频，娱乐成分是短视频生命力的一部分。所谓"寓教于乐"，在乐趣中传授知识，让观众在开心的同时学到知识，这是创作者和观众共赢的状态。

如何让内容有趣起来？如何让形式活泼生动？可以从以下几个方面参考。

（1）添加幽默段子成分

让内容有趣，最直接的方法就是加入幽默段子。当然，为了保持硬核干货的主体地位，段子不能太多，很多情况下引入某些成分即可。比如网上的热词、热梗，哪怕只有一句话、一个词，大家也能会心一笑，形成"你懂的"效果。

更有水平的创作者，会自创幽默语言方式，进而形成独家风格。比如

"我是不白吃"，可以将食物、动物拟人化，给它们添加"台词"，形成相声小品一般的有趣氛围，在快乐中将一个知识讲得深入浅出、明白清晰。

（2）采用动画形式

动画形象更萌、更可爱、更容易打造夸张搞笑的风格，因此不少此类短视频采用动画的形式讲述知识和技能。动画的优势除了搞笑、有趣，还在讲述上具有重大优势：它可以按照创作者的意愿让内容和流程更清楚简洁，观众也看得更明白。

动画虽好，但是成本却不低。但好在技术发展很快，各类创作工具较多，条件有限的创作者可以选择相似的替代品，或者在实景画面中加入动画成分，两相结合进行讲述。

（3）打造有趣人设

内容是万变的，但人设可以是稳定的，人设也是最容易形成粉丝黏性的。什么样的人设最受欢迎？网络上常说一句话："好看的皮囊千篇一律，有趣的灵魂万里挑一。"能够遇见和认识一个有趣的人设，就如同遇到一个异时空的知己，观众自然会喜欢。

比如罗翔，他的"厚大.罗翔说刑法"粉丝近千万，他本人也凭借个性幽默的语言、硬核的法律解读火爆全网，许多"罗翔语录"甚至成为很多短视频的素材来源。

（4）加入情景表演

按理来说，知识和技能类是以干货为主，不需要像影视剧一样有情节。但为了增强观众代入感，也为了吸引人，在其中加入适当情景也成为一种手法。

加入情景的好处在于以下两点。

① **情境教学，增加观众代入感。**如上文提到的美食类账号"腊月小九"，在美食制作之前先创造一个情境，或是孩子想吃，或者家里来人，简单几句话的"前情交代"让观众一下进入自己熟悉的场景，观众就会自然跟着想：对呀，我也常遇到这种情况，该怎么做呢？带着这样的想法，一次美食制作就如同有了悬念一样具有了让人看下去的动力。

② **情节故事是吸引人的有效工具。**在视频行业，讲故事是创作者普遍

认同的一种手法，它的最大好处就在于能够非常有效地吸引人。关于讲故事（将会在第5章详细讲述），本节仅简单提供一个模板，供大家参考：愿望动机——阻碍困难——解决完成。这个模板的逻辑是：一个故事从一个人的愿望出发，做的过程中会遇到困难阻碍，解决它、完成它是结尾。当然，这个模板还可以根据需要增加多个相似环节，比如困难不是一个，是一个接着一个，人物也就会像过山车一样不断拼搏、克服困难。在这个模板下，一个故事会跌宕起伏、紧紧抓住人心。

2.6 搞笑类短视频：
文案需要段子思维

幽默搞笑是短视频最常见的元素，这也体现了短视频本身最大的功能所在：休闲娱乐、解压放松。

幽默搞笑作为一种文艺创作方式，具有深厚的传统渊源和系统的组织方式，如在相声和小品中就有一个常用词："包袱"。"包袱"的创作有三个步骤：系包袱、解包袱、抖包袱，是一个把笑料进行酝酿、铺垫直至悬念解开、引人发笑的过程。相声艺术大师马季在《相声艺术漫谈》一书中将"包袱"的组织手法分为二十二类：三翻四抖，先褒后贬，性格语言，违反常规，阴错阳差，故弄玄虚，词意错觉，荒诞夸张，自相矛盾，机智巧辩，逻辑混乱，颠倒岔说，运用谐音，吹捧奉承，误会曲解，乱用词语，引申发挥，强词夺理，歪讲歪唱，用俏皮话儿，借助形声，有意自嘲。这是十分实用的"包袱"创作手法，短视频创作亦可借鉴。

本着通俗易学的原则，本书在借鉴传统艺术创作手法的同时，更侧重网络时兴的创作手法，以尽可能贴近当下、易学易懂。

2.6.1 搞笑类短视频的特点

常见的幽默搞笑类的文艺作品种类有很多，比如相声、小品、脱口秀、喜剧电影电视剧等，而其他类型的作品中也不时会出现幽默搞笑的片段，使作品显得有趣而生动。短视频本就带着提供休闲娱乐的使命，就如同这些"大型"作品的缩小版，它的结构更简单，笑点更强烈和密集，形式也更加灵活多变。

搞笑类的元素可以划分为四种：滑稽动作、生活趣事、段子调侃、幽默应对。滑稽动作是以故意或非故意的言行引人发笑；生活趣事一类则是在生活中捕捉到的有趣瞬间；段子以反转、金句等为主要特点；最高层次的幽默，带有生活智慧和乐观向上的精神。

对搞笑类短视频来说，有一些基本的创作逻辑需要掌握。

（1）想方设法促成笑点

"笑"是最大流量。幽默搞笑类短视频最大的特点就是笑点，因此，如何形成笑点、如何引发欢乐就是短视频最重要的创作任务。

从四类幽默搞笑元素来说，滑稽动作是以人物或动物甚至是非生物的一些行为、形象形成笑点，以夸张、模拟、嘲讽等形式逗人发笑，如模仿秀。生活趣事则是未经扮演的，生活中记录下来的有趣瞬间，如冬天人们在有冰路面上摔倒的画面。段子调侃则有了创作的因素，就像相声、小品、脱口秀一样，有一个完整的表达流程，最常见的是反转和金句形成的幽默感。而真正的幽默要更高级一些，它多见于非排演的场面，来自人物本身的高水平应对和乐观精神感染。

在一个短视频中，笑点可能是一个，也可能是数个。如果是一个，可以借鉴相声"抖包袱"的创作手法，经过铺垫而后抖出谜底惹人发笑；如果是数个，则要计划形成系列笑点，以笑点串联笑点，这就需要剧情支撑。

（2）内容形式灵活多变

短视频主要是移动客户端的应用产品，得益于丰富的软硬件条件，创作手法也是多种多样。在真实拍摄之外，还有各类特效应用、各类漫画创作等，这让短视频的形式丰富多彩。

短视频的集大成功能，在搞笑类短视频中体现得更为淋漓尽致。于是，我们看到，内容上有脱口秀类，有模仿秀类，有生活趣事类，有搞笑剧情类；形式上有真实拍摄类，有变装反转类，有特效夸张类，有漫画形式类。多种多样的内容和形式让搞笑类短视频呈现多姿多彩的样貌。

（3）切忌庸俗化搞笑

在文艺界常说一个概念：反三俗。何谓三俗？即庸俗、低俗、媚俗。庸俗是平庸粗俗，低俗是低级、不文明，而媚俗则指为迎合某些利益而放弃良知与道德。

如有的账号以取笑口吃等缺陷为笑点，这样的短视频或许有一时流量，但难以为继。幽默搞笑类作品的创作是有难度的，但不能为了减轻难度或为了快速获得流量和粉丝数量而进行低端创作，否则不仅不利于创作经验的积累和创作水平的提升，更将会对账号的长期打造形成不可逆的损伤。

随着时代的发展，观众的审美水平也在不断提高。如果说在物质文化贫乏的时代，一些低俗的作品尚有观众缘；那么在文艺作品日趋丰富的今天，这样的作品将越来越没有市场。搞笑是为了解压放松，虽不必宏大，但也要时刻谨记有益身心的目的，这样的发心至关重要。

2.6.2 笑点如何形成

既然促成笑点是搞笑类短视频的最重要目的，那么平时的创作就应该在这一环节重点发力。综合网络各类搞笑元素，结合传统喜剧艺术创作手法，再根据初学者的实际需求，将笑点形成的实用创作心法列举如下。

（1）借用修辞

文学中有各式各样的修辞手法，本着拿来主义，为达到搞笑幽默的目的，这些手法稍经变形即可使用。如：夸张、讽刺、谐音、对比等。

夸张。夸张是对事物的某个方面进行夸大或缩小。生活中正常的现象一般不会引人发笑，但是经过夸张以后就容易形成笑点。比如舞台上的哑剧表演，人物消去有声语言，利用动作的夸大和丰富进行表情达意，形成喜剧效果。又如，平台软件有各种五官变形的特效，网友们也会利用这些简便手法形成搞笑效果。

讽刺。讽刺是指用含蓄的语言或夸张的手法对不良的或愚蠢的行为进行揭露或批评。这一类的手法在漫画中更为常见，其目的主要是以辛辣的批评引起社会反思。

谐音。谐音本指利用汉字的同音条件产生修辞意趣。在当下的网络中，谐音梗成为一种特别的现象，也是搞笑幽默的手法之一。如两个大爷在下棋，一旁的小孩喊："大爷，你的车没了！"大爷教育孩子："这个叫jū（象棋的车）！"孩子说："哦，你的jū被人骑走了！"得益于汉语言的博大精深，谐音梗层出不穷，成就了网络一个又一个热点词汇。

对比。 形成对比效果的类型有两种，一种是不同人物或事件之间的对比，一种是同一个人前后行为的对比。不同人物之间的对比，如视频号"高矮胖瘦一家人"中，一家人的体型形成对比，并以此形成喜剧效果。一个人前后行为的对比，比如俗称的"打脸"，前一刻还在信誓旦旦，下一刻即被现实打脸，从而形成喜剧效果。

（2）借用音乐

背景音乐对短视频来说至关重要，它的重要性远超过长视频，成为短视频叙事结构的重要组成部分。

那如果打破常规，不用正常或相适配的音乐呢？网络上改编过的搞笑音乐有很多，有些甚至是专门为搞笑而创作。还有一种情况，音乐与场景原本完全不搭，但是剪辑在一起后形成错乱感的喜剧效果，这也是蒙太奇手法的一种。

如视频号"豪哥哥"将各类脍炙人口的经典歌曲进行改编，就如同一个套子，装进自编自创、与原歌曲毫不相关的剧情，形成了强烈的喜剧效果。

（3）爆笑模仿

模仿相当于二度创作，同时利用夸张等手法突出原作的精髓或槽点，以形成反讽等喜剧效果。此类作品需要表演者有较强的模仿能力和表演功底，效果好的话可以达到"青出于蓝而胜于蓝"的效果。

视频号"李蠕蠕"的标签是个人小剧场，作品大部分是对生活和网络上的各类经典场景进行模仿和二度创作，以惟妙惟肖、精彩传神特点收获大量粉丝。如作品《不同舞蹈的夸张表情大模仿》创作源泉来自舞蹈，但却没有从舞蹈动作入手，而是剑走偏锋，选择对舞蹈演员的面部表情进行模仿，展现了优秀的喜剧创作和表演功底。

（4）善意恶搞

恶搞是一个网络用语，本指"出于恶意的搞笑，以颠覆的、滑稽的、莫名其妙的无厘头表达来解构所谓'正常'"。我们刨去恶意的成分，一些善意的搞笑也可以成为许多有趣的瞬间。比如在幼儿园里对孩子们提问："你们的妈妈多少岁？"有的孩子回答100岁，有的回答4岁，童言稚语形成欢乐的氛围。

再复杂一些的恶搞，可以利用动漫、特效等方式添加创作元素，诠释生活中的各种现象或关系。如"王蓝莓同学"的账号标签是"一个生活在八九十年代的小孩"，作品以反映20世纪八九十年代的生活情形为主，在复古的动画形式之下，花式吐槽和回忆旧日时光，以怀旧、搞笑、共同的记忆引发共鸣。其中有一集"偷看电视无非就是这几招"：斜眼不怕脑袋迷糊法、反光偷看法、偷看邻居法、听声脑补法，一个个充满喜剧色彩的招数都是那一个时代人们的共同回忆，自然会引发观众会心一笑。

（5）喜剧短剧

将喜剧短视频化，需要更复杂的操作方式，需要编剧、服装、化妆、道具、置景、表演等一系列等同于影视剧的创作环节和流程，其内涵的丰富性也相应更高。

"陈翔六点半"是一个风格稳定的喜剧短视频号，以剧情表演的方式对生活中的各种现象进行批评、讽刺，一针见血而又搞笑。如《假如开车也需要充会员》这一期，在扫码就能开车的设计前提下，演绎一路发生的各种故事，讽刺各个视频平台的会员服务。类似的小品文包含剧情类作品的完整构架，同时以搞笑讽刺的风格胜出，无论内涵还是形式都呈现较成熟形态。

（6）善意调侃

就如同恶搞一样，调侃的手法也很容易引发爆笑，但为什么也要强调"善意"呢？首先，好的幽默作品应该在一针见血的同时引人深思，而不是嘲笑他人引起嫌恶；其次，保持善意，将会使账号保持在安全线以上。

实际上，善意的调侃确实更受欢迎，也更容易吸引粉丝。比如《史蒂夫哈维脱口秀》，主持人史蒂夫本身具有强大的人格魅力，就因为他在各类访谈中看似嬉笑怒骂，实则对嘉宾非常尊重和接纳，并且常常替他人化解尴尬、提出合理建议，释放最大的善意。一名女性观众在向他提问的时候略显扭捏，史蒂夫就在应答时也模仿她的姿态热烈地说："我也很高兴见到你！"在全场笑声中让大家接受了姑娘的这一点不自然。一个七八岁的小女孩在采访中说虽然自己有一衣柜衣服，但是……史蒂夫接话茬说："你们女人从小就练习这样说话吗？你和我五十岁的老婆说着一模一样的话！"在调侃了小女孩和自己老婆的同时，也善意地调侃了一下女性们对买衣服的执着，因此引发共鸣和爆笑。

2.6.3 段子思维与猫坐狗垫

提到搞笑，人们常会说到一个词："段子"。段子本是相声术语，指的是相声作品中的一节或一段内容，经过演变，如今已成为"搞笑片段"的代称，尤见于脱口秀等节目中。在很多人心目中，会讲段子成为幽默搞笑的能力指标，而对搞笑短视频来说，具有段子思维、会讲笑话也自然成为创作中的一项重要能力。

那么，怎样才能拥有段子思维？多听、多看、多练，而在此之余，似乎也有一些快捷方式可供一窥其中奥秘。

在理解段子思维之前，我们先来看一个关于"猫坐狗垫"的故事。一个编剧新手正在对他的故事冥思苦想，他无论如何也想不出办法让故事精彩生动起来。写一个，太平常了；再写一个，也不吸引人。这是怎么回事呢？那些经典戏剧是如何做到跌宕起伏、动人心魄的呢？带教老师看了他的初稿，微微一笑指点道：你得让你的猫坐在狗垫子上才行。"猫坐狗垫？"小编剧细细揣摩，终于恍然大悟，从此开始笔下生花，精彩故事一个接着一个。

什么是"猫坐狗垫"？小说家约翰·勒卡雷是这样说的："猫坐在自己的垫子上，故事是不能这样开始的。猫坐在狗垫子上，故事要这样开头才对。"一只猫坐在它自己的垫子上有什么稀奇？它要是坐在狗的垫子上，那不就稀奇了？说不定还会引来一场争斗呢。这，就是戏。

"猫坐狗垫"是戏剧创作的奇兵利器，对搞笑作品来说尤其管用。一个一口土话的大姨作为一名保洁人员不稀奇，可她却当上了老板的秘书，还一天天地和老板斗嘴斗得不亦乐乎，这就是"老板与志玲"；销售人员的言行平常很普通，但让一个可爱的小姐姐夸张地一一再现，就显得喜剧味儿很浓，变得不再普通（"李蠕蠕"）；开车本来很平常，但开车也像观看视频平台一样开始扫码、收会员费，这就变得不平常（"陈翔六点半"）。一只猫本应该在它自己的垫子上，它却非要跑到狗的垫子上，正是这样的"不平常"造成了戏剧冲突，也为幽默搞笑提供了创作思路。

再回过头来看"段子思维"。段子，常常以反转引发笑点。比如：医生准备给一名患者做手术，医生口中念念有词："汤姆，别紧张。"患者提醒道："医生，我不叫汤姆。"医生答："我知道，我叫汤姆。"——这是一个段子，它的好笑之处在于最后的反转。按照常规思维，医生抚慰患者不要紧张是常理，但是闹了半天是医生自己在紧张。这就是对惯常思维模式的打破，这种"破"就是段子思维。

段子思维与"猫坐狗垫"的创作理念有相似之处，它们都是先以一个套子做好铺垫、引人上当，最后却不按套路出牌，引发爆笑效果。因此，对于苦苦锻炼段子思维的创作者来说，多往这个戏剧创作手法上琢磨一下，说不定会有意外收获。

2.7 影视讲解类短视频：文案要有思想和温度

影视讲解类短视频一般是以某电影、电视剧为主体，通过提炼梳理梗概、叙述故事情节、描绘人物形象对影视剧进行压缩式讲解，进而发表评论感慨。

影视讲解类短视频同样是时代潮流的产物。按照常理，对一部电影、电视剧完整地看完才是一个欣赏过程的结束。但时光匆匆，人们忙碌的脚步停不下来，许多人缺少时间、缺少耐心从头到尾看一部影视作品；另一方面，影视剧的产量逐年加大，精彩纷呈的各类作品让人目不暇接，既想欣赏又看不过来成为一个矛盾。在这样的情况下，影视讲解类作品出现了，它在短短的几分钟、十几分钟内将原本一两个小时、几十集的电视剧讲解完毕，精彩片段、核心内容都保存下来，并且有来自创作者清晰的梳理和分析，不用费脑就能欣赏和掌握全片。

相对于其他类别的短视频，讲解类短视频以文案为主，它体现的是创作者清晰的逻辑梳理能力、优秀的重点突出能力、鲜明的主题提炼能力、有深度和高度的批评欣赏能力。那么，影视讲解类短视频具体有什么特点？如何才能写好它的文案呢？

2.7.1　影视讲解类短视频的特点

相比较其他种类短视频，影视讲解类短视频在时长、内容、形式等方面都特点鲜明，它就像影视剧的压缩饼干，在保留原汁原味的同时，只呈现梗概和精彩内容，同时糅合作者个人的见解和主张，是一个"文以载道"的良好渠道。

（1）影视剧的"压缩饼干"

一部电影动辄一两小时，一部电视剧也至少有十数集，这对时间、精力严重匮乏的现代人来说，完整地欣赏一部影视剧无异于是一种奢侈。但是精彩的影视剧又这么多，又想看、想解压，怎么办呢？直接拖进度条是一个办法，看影视解说也是一个好办法。

一部两个小时左右的电影、一部数集的电视剧都可以压缩进十几分钟的空间，这是影视讲解类短视频最突出的特点。它在保持原视频主旨的同时，又要精简内容、略去枝枝蔓蔓，这实际非常考验创作者的概括和提炼能力。

与此同时，压缩式的讲解要尽量清晰简洁，不要让观众费太多脑力就能理解。如此一来，既能欣赏到原作的内核精髓，又能省时省力，这样才能满足观众的需求，提高账号的粉丝黏性。

（2）体现个人见解和主张

压缩饼干为什么受人欢迎？因为它在最大限度保留营养的同时，还做出了自己独特的风味。

影视讲解类短视频也是如此。如果只是对电影电视剧进行压缩式的复述，它或许可以一看，但不会有长久的吸引力，人们也不会记得这个账号的风格和特色。所以，压缩式的讲解需要升华，需要体现创作者的见解和主张，需要创作者具有看待问题的深度和高度。

比如视频号"毒舌电影"，能够在一众影视讲解类视频号里脱颖而出，它靠的不仅是清晰而又有重点的讲解，更是作品里体现出来的中正深刻的反思和主张。对韩国电影《下一个素熙》的讲解，开头是这样的：

去年韩国总人口又减少了12万，生育率是全球最低的0.78，而它已经连续第七年下滑。如果你好奇那边发生了什么，听听这个女孩的故事，她名叫素熙……（来自"毒舌电影"）

与一般影视讲解开头以抓人的情节吸引人不同，这个讲解以这样一段话开头，它不来自电影本身，是创作者对电影和结合电影背景环境进行的解读。

因此，对于这类短视频来说，创作者本身的知识积淀和人文高度起着重要作用，对作品的认真分析和深入探讨也起着至关重要的作用。只有这样，才能提出有别于他人的独立主张，也才能将账号长久地经营下去。

（3）有限时间内的扣人心弦

人们选择看影视讲解，一是由于没有时间精力去看完整版，二来也可能是找不到如此精彩的片源。而影视剧中重要的段落一经压缩，很可能失去原有动人心魄的精彩。所以，不管是为了抓住观众注意力，还是带领观众欣赏他处无法看到的优质影视剧，首先要做的就是要在有限的时间内做到扣人心弦，牢牢抓住观众的眼球和神经。

为了实现这样的效果，可以采用"三段式抓人法"：在开头用紧张的情节吸引人眼球，在中间不时地设置悬念保持观众注意力，结尾处进行评论、提升，让人在意犹未尽之时得到更多满足感。此外，在语言的描述上，要尽量使用能够吸引人的语句，对观众循循善诱，引导观众一路看下去。

2.7.2　在吃透作品的基础上点评分析

影视讲解类视频的文案脚本占据创作的最重要部分，也是最需要下大力气的地方。那么，要做好这类文案，需要在哪些环节下功夫呢？

（1）对作品吃透掌握

要想给他人讲解清楚一件事情，首先得自己把这件事的来龙去脉了然于胸。影视讲解类作品亦是如此。一部影视作品的时间比较长，需要创作者从头到尾耐心地观看、记录、分析、探讨，经过深度的研判，才能创作出既抓人又有深度的文案来。切忌在一知半解的情况下匆忙下手。

要做到全然掌握，一遍观看可能是不够的，要经过这样的几遍才能达到目的：

自在欣赏。第一遍的观看以欣赏为主，不要太心急，首先放下功利的目标，放松身心，沉浸式地欣赏作品。让自己的头脑和感情都接纳和理解作品，这是创作文案的第一步。

拉片分析。拉片其实就是跟拉锯一样——一格一格地反复看、反复倒带（盘），同时分析记录下你所看的、所总结的。一格一格地看，然后把每个镜头的内容、场面调度、运镜方式、景别、剪辑、声音、画面、节奏、表演、机位等都记录下来，最后总结一下。在创作实际中，或许不用将全部的环节都记录总结，但反复观看、一点点分析是必须的。只有这样，才能找出重点、突出要害、提出观点。

搜集资料。在反复观看和分析之后，不要就事论事对作品单纯讲解。为了获得厚度和高度，也为了丰富讲解内容，最好多搜集相关信息，比如这部电影的主创人员、创作过程、创作背景、作品影响等，这些资料配合作品内容，将会拓宽讲解的宽度、提升讲解的厚度和高度。

总结提升。在掌握作品内容、搜集细节资料之后，不惜笔力进行总结和提升。这个过程是一个类似反刍的过程，将自己的理解、感悟融进作品内容，这将对文案的创作起到定位和指向的作用。

（2）创作三要素

一切准备就绪，就可以进行脚本创作了。在创作中，尤其要注意的是确定一个好的开头、一条好的主线、一个好的点评结尾。

一个好的开头。一个抓人眼球、扣人心弦的开头，不仅避免了观众因不感兴趣而随意滑走，更为作品讲述打开流畅的渠道。纵观网络上各类影视讲解，多数是以原作中某个情节、细节进行开头，这个情节、细节或许并不是全片重点，但足够吸引人，带着悬念的作用让观众产生看下去的欲望。但过度地使用套路也会显得单一，比如千篇一律地"看，这个女人……"也会让人觉得单调，而给男女主人公取名"大壮、小美"也会显得没有创意。正如上文对"毒舌电影"作品的讲解，开头用一段独白、一个启示、一个与时代社会相关的话题都会让作品新颖亮眼，在引起人注意的同时成为贯穿全片的线索。

一条好的主线。讲解类作品就如同说书，要条理清晰、逻辑自洽、凝练而又生动，这就需要一条好的主线脉络，将影视作品的情节如串珠一般，一个一个串联起来。这个主线主要来源于影视作品本身，因为影视剧作为戏剧类作品，本身具有强有力的主线骨架，只需要将这个主线提炼出来加以改编，就可将故事讲解清楚。但有的影视作品主线并不清晰，或者不容易作为讲解脉络，这就是需要创作者进行二度提炼，就像一个辅助工具一般，带领观众看清原作的真实面貌。

一个好的点评结尾。优秀的讲解不只是复述，更应该是带有独特主张的批评和升华。一起欣赏上文提到的"毒舌电影"对电影《下一个素熙》的讲解结尾：

从公司，到学校、教育局，甚至素熙的父母，每个人都说，她的死不是我的责任。或义正词严，或哭天抢地。但现实，是他们的"联盟"，给她带来一层一层的痛苦，还捂住她的双眼、困住她的手脚，不让她逃走……这部电影叫《下一个素熙》，没有好的结局，也没有答案，因为导演预见，会有下一个轻如鸿毛的素熙。可怎样改变呢？或许只能交给每一个想改变的人。愿你，对自己好，听见自己的哭声，不对自己挥槌。我们是人，有血有肉，就算世界有那么多的规矩，你的人生也不是轻描淡写。我们有好多好多种活法，而在一些活法里，你一定很重要。你一定，无可取代。

这是一个非常精彩的结尾点评。在这个结尾中，不仅回顾了电影本身，更提出了直指人心和对社会的质问，为没有答案的电影写出一笔精彩的答案。

（3）有思想有温度

人们为什么喜欢看解读类的视频？除了没有时间看原作和无法找到片源，还有一个原因，那就是观众也在寻找知音，想通过欣赏一部作品与创作者实现共鸣，更期望这个解读能高出他们的水平，带领他们走向自己达不到的高度。

因此，创作者不仅要对原作烂熟于胸，更要以深厚的知识储备、深刻的理解，提出独立主张，"文以载道""以文会友"，实现与粉丝之间的心灵互动和默契沟通。

思想是深刻的，而冷冰冰的思维却拒人于千里之外。所以，想要表达的主张一定是有温度的，是对社会和时代有所关照的，是对人性理解和接纳的。

唯有如此，才能让作品充盈丰富而生动的内容，才能引发观众从驻足观望到因喜爱而收入囊中。

2.7.3 上帝视角与同理心

我们把解说类作品比喻为"压缩饼干"，要注意，压缩饼干也是粮食，只是经过了特别处理。切忌做成嚼过的甘蔗、风干的面团。

我们在上学期间都练习过为文章写梗概，如果只是把原文中的大片内容化为条目列出来，纵然清晰却无美感可言。讲解类视频也是如此。如果只是把原影视剧中的情节简化式地复述，那么不仅会失去原作的精彩度，还会失去表达观点、形成意见的机会，自然也就对观众失去吸引力。

因此，在此类作品讲解中，要用感性和理性共同发力，不仅对原作进行压缩、提炼，还要保持对原作的尊重和理解，在重要节点和原作晦涩不明的地方进行解读引领，让观众得到更好的欣赏体验。也就是说，点评和解读不必等到结尾处再集中进行，在讲解过程中时时刻刻都可以进行。

要做到这一点，可以尝试两种心法：上帝视角和同理心。

所谓上帝视角，就是对作品故事走向和人物命运保持全知全能；既然全知全能，自然就能生发出悲悯和宿命感，点评式的讲解也就自然而然。如"毒舌电影"对电影《下一个素熙》中一个故事细节的讲解：

警官跑到教育局，在那，人人低着头，墙上挂着和网络公司一样的量表，一个个学生就这样化作数据图里的数字。（来自"毒舌电影"）

可以想见，电影的原作在这里只是一瞥式的过程，导演和主创人员很用心但呈现并不明朗，这是电影艺术的魅力。这个细节也不是故事的核心细节，但却与电影主题息息相关。于是解读的创作者用了这样的语句："人人低着头""一个个学生就这样化作数据图里的数字"。这样的用语是主观的，但却是有深度和高度的，它们不仅将电影晦涩的表达明朗化，更以独立的观点和主张指出问题本质所在，引人警醒。这是一种类似上帝的视角，但正因为这样的视角，才能解读出原作中的悲悯和无力感。

另一种心法是同理心。依然以"毒舌电影"为例：

他的死，仿佛一颗螺丝钉掉在地上，没有引起任何人的注意，只有素熙觉得头痛欲裂，觉得这不正常。……公司禁止员工去问丧，她还是去了，她不愿把人性埋没。（来自"毒舌电影"）

在这个段落里，是阐释主人公对上级之死的感受，而这些感受是创作者以同理心解读出来的。"觉得这不正常""她不愿把人性埋没"，这些语句并不是原作直白的表达，而是作者个人的理解，当然也是作品想要表达的意图。这样的解读，需要创作者对作品主人公和原作的主创人员抱持同理心才可以做到，只有深深地理解才能言片中人所不能言。

当全面掌握原作之后，再以上帝视角和深刻的同理心进行解读，就能生产出理性与感性交融、丰富与高度并生的好视频。

2.8 萌宠类短视频：文案输出逗趣与童真

人们为什么喜欢萌宠类的视频？有人喜欢动物们的可爱，它们就像孩子一样软软萌萌或耿直单纯；有人喜欢动物的敏捷有力，像观赏杂技一样惊叹它们的生命力和高超的身体技能；还有人喜欢动物具有类人的特性，尤其是将它们拟人化的表达，让它们具有了像人一样的喜怒哀乐和思想，这让观众有看小品文的乐趣。因此，萌宠、动物的视频拥有庞大的收视群体，观看此类视频也成为放松与解压的重要方式之一。

但动物并不具有人的逻辑思维。在影视圈，小孩、动物和水是众所周知最难拍的三类事物，因为它们有共同的特点：不可控。对于短视频来说，如何才能将以萌宠为主角的视频拍出好效果？这就需要文案，以及文案策划的剪辑出马搞定。

2.8.1 萌宠类短视频的特点

早期的萌宠类短视频主要是生活素材的记录，但随着赛道的打开，这类短视频也呈现出多姿多彩的形式和内容。

（1）从爱宠角度吸引收视群体

人们为什么会饲养宠物？主要原因在于宠物的陪伴功能。

现代人的生活中产生了很多孤独问题，有的是空巢老人，有的是人际关系淡漠的宅男宅女，有的是独生子女，他们都需要陪伴，而宠物则很好地填补了这一缺失，许多人甚至会把宠物当成子女来对待。

还有一部分人的喜欢是源于宠物的萌感，这些或软萌或耿直的动物们给人们的生活带来无数乐趣，喂养、做游戏、游玩、看它们跑上跳下的活泼、笑它们出糗捣乱的各个瞬间，童真一般的画面让人心生愉悦，宠物天然带有的萌感十分吸引人眼球。

同时，动物的无攻击性（也有例外）、忠诚性以及辅助生活的能力也是人们选择养宠物的原因。无论主人做什么，宠物都毫无芥蒂，不会玻璃心，也不会轻易离去，这是朋友也无法做到的。还有一些宠物被训练出辅助功能，可以帮助人们解决生活中的一些问题，如看家、导盲等，也因此备受人们喜爱。

因此，萌宠类短视频首选的角度便是主打陪伴功能的日常状态，自家有宠物的会进行比对和欣赏，没有饲养宠物的可以通过视频"解馋"，欣赏各种各样萌宠的魅力。

（2）从猎奇角度展示宠物绝技

当萌宠类的视频越来越多，许多创作者便开始寻找新奇点，以便在普通的动物视频中脱颖而出。于是，我们看到有的动物会"察言观色"，有的宠物"功夫了得"，有的一秒钟"戏精上身"，还有的能像人一样开门、关门、上厕所，实现"生活自理"……不管是真实发生的，还是经过驯养、剪辑、抠像造成的假象，这些视频都给人带来一种新奇感，让人在欣赏的同时发出声声惊叹。

还有不少人将动物的各种搞怪动作展示出来，有的猫喜欢舔电风扇，有的变色龙喜欢吸主人鼻子上的黑头，有的小狗喜欢四仰八叉躺在地上睡觉……这些奇奇怪怪又可爱的行为动作并不常见，大家以视频方式分享出来，让人在喜爱之余惊叹不已。

宠物世界千姿百态，让人们通过网络欣赏到动物们平常看不到的一面，这就如同我们平时看的猎奇纪录片，是一个展示和了解世界的过程。

（3）从拟人角度做成搞笑小剧场

动物有和人类相似的地方，比如也有情绪，也会有小心思等。许多短视频利用这些特性，将萌宠的行为加以诠释和解读，形成可爱、搞笑的效果。比如，小猫走路，又萌又可爱；哈士奇天然呆傻的样子被称为"二哈"，只要它出现就会有笑点。

有的视频会故意恶搞宠物，让猫闻臭袜子然后看它们的反应，给狗变魔术然后看它呆傻的样子，观看宠物偷吃的各种精怪又出糗的样子，这些类人的行为放在宠物身上就产生了各种笑料。

有的视频会将动物的动作剪辑成故事，当然宠物本身并无此意，创作者却利用剪辑和蒙太奇的功能，让动物们演绎出一幕幕剧情。比如有一个剧情模式：与宠物狗对话，当被问到是不是被打了，宠物狗翘起一条腿装瘸，"诬赖"主人或同伴，形成爆笑效果。又如，一群猫昂首挺胸从一只狗面前经过，配上音乐和字幕特效，就成了在"社会猫"面前小狗瑟瑟发抖的场面。

2.8.2　文案功能性多样

萌宠类短视频以展示画面为主，文案不需要太多，但正因为如此，文案要贵精不贵多，力求能以恰到好处的方式对展示萌宠起到辅助作用。总的说来，萌宠类短视频的文案主要在以下几个方面起作用。

（1）讲解相关知识和场景

有的短视频是对宠物的介绍，也有的是对生活场景的介绍。在这些时候，文案的作用与其他短视频类似，就是要能够清晰简要地把相关要点讲解清楚，让观众一听就懂、一看就明白。与此同时，配合上与动物气质类似的风格语调效果更佳。

"你以为哈士奇是真的傻吗？哈士奇又被我们叫作二哈，因其超高的颜值和感人的智商深受广大网友的喜爱。但其实哈士奇是真的被误解了。哈士奇原名叫西伯利亚雪橇犬，是一种原始的古老犬种，主要生活在西伯利亚东北部和格林兰南部。哈士奇这个名字是源自其独特的嘶哑叫声，而它之所以那么热衷拆家，以及日常做出的种种迷惑行为，是因为人家以前可是拉雪橇的……"（来自抖音"哈哥成长日记"）

这是一段对哈士奇的介绍，在正经的文字中融入调侃的语句，如"感人的智商""热衷拆家"等，带有网感和无厘头的风格再配上哈士奇的搞怪表情和动作，形成了内容丰富、形式生动的效果。

（2）规划设计剪辑

单独的萌宠类视频一般较短，多数是宠物生活中的一个或数个瞬间；即使是加工过后的剧情类，也因为宠物不是"专业演员"而不宜过长，宜紧凑密实。在这样的情况下，剪辑就起着比较重要的作用，需要文案对剪辑进行规划和设计。

这类短视频的剪辑一般有以下几个侧重点需要注意。

① **配乐卡点**。可以将动物们的动作配上合适的音乐，或搞笑、或夸张、或煽情，让二者的结合产生有趣的观感。如猫咪的走秀、狗的搞怪等，一旦与音乐结合将产生一加一大于二的效果。还有的地方可以加音效，加拟声词，让画面变得有节奏感，让萌宠们更具喜感。

② **拟人剪辑**。将动物的一些动作瞬间剪辑在一起，以蒙太奇的功能产生剧情效果。如猫咪做饭、剥玉米等，动物们实际并不会独立完成这些事情，但是利用剪辑就生成了它们像人一样的劳动场景，这是剪辑的功劳。

③ **突出细节**。动物们一些可爱的动作可能就是一瞬间的事情，这就需要将这些特别的地方进行突出展示，方法包括**速度慢放、定帧展示、局部细节放大、字幕和特效标识**等，利用各种手法将细节进行突出。如猫的动作迅捷无比，它有些动作在正常倍速中可能很

短视频中突出细节的方法

难观察仔细，但是经过速度慢放，就让动作过程清晰明了，也更有戏剧效果。如网上比较火爆的抱摔狗头、水上漂、无影脚等都是视频创作者的杰作。

（3）描绘萌宠心理

动物们不会说话，但却不代表没有心理活动。在这样的视频中，主人或创作者代替动物说话，将心理活动以旁白、独白、对白或字幕的形式展示出来，让动物的行为显得更为生动有趣。

如：早晨，狗的仰头长啸配字幕"起床啦"；与主人一起观看美食节目，吞咽口水时配音"爸，我也想吃"；故意给旁边的人喂食却不给狗，配文"我也要吃""你起开"。类似的配音或字幕都很简短，但让宠物有了像人一样的情感思维，也让场景更加丰富生动。

（4）小剧场文案

还有一些时候，这些旁白、独白、对白或字幕与动物实际的心理活动无关，但是却可以与画面相配合产生蒙太奇的戏剧效果。如利用两只猫咪并排望向远处的一个场景，创作者为它们配上了爆笑对话，而且对话与猫的动作达到神同步，这样就产生了强烈的喜剧效果。

如某个小剧场片段，宠物狗的配音是创作中加上的，相关动作是利用剪辑形成的蒙太奇效果。虽然都是一眼就能看穿的小花招，却因为萌宠可爱的动作行为，依然备受喜爱，这是因为小剧场是一个展示萌宠的套子，最终目的还是让人欣赏动物的可爱。

2.8.3　营造童真氛围

从平时看到的萌宠短视频可以得到一个感觉，那就是主创人员具有与动物们一样的可爱与童真，他们总是能够说出动物"秘而不宣"的内心戏，能够像动物们一样活泼搞怪，总是流露出与动物一样的真诚和胸无城府。而这样的结果，就是让整个作品具有了童真和搞怪气质。

要得到这样的效果，除了创作者本人的性格外，还可以用拟人的手法起到代言人的作用。

拟人是写文章时常用到的一种方法，是将非人的动植物赋予人的特点，让它们具有人的思维和言行。

动物即使再聪明，也不具备跟人一样的智力和思维，更不会说话。但如果采用拟人的手法，就可以让它们像人一样说话和做事，也就具有了童话一般的有趣氛围。

一只小仓鼠在水族馆的旁边"闯迷宫"，给小仓鼠配的独白是这样的：

"哇，这里面好多鱼啊！这可以说是我住过最特别的一个监狱了。不过，谁想住监狱呢？我还是得逃出去。看看这边，哎哟不行不行，不能从这里走，这只乌龟看起来不是善类。嗯，试试马桶呢？这里能走吗？哎，可以哎！太棒了，会走到哪去呢？"（来自抖音"小仓鼠闯迷宫"）

画面上是一只小仓鼠东窜西窜的过程，根据它的行动轨迹，配以上面的文案，就让小仓鼠具有了人一样的思维，使一个单调的场景变得有声有色。

再来欣赏一个片段：

一只金毛犬躺在一辆车前，主人下车。

主人："吓我一跳！'碰瓷'是吧？哎，给你个大骨头，赶紧走吧！"
（将大骨头放在狗面前）
狗："这就想打发我？"
主人："小样儿呢，还不走了？"
（掏出钱扔在狗面前）
主人："就剩二百了！都给你！赶紧走吧！"
狗："太少了，还有吗？"
主人："行，你给我等着！"（来自抖音"金毛蛋黄"）

这个小剧场是主人与宠物狗合演的一出戏，狗狗的动作不多，就是车前一躺，但创作者却利用人的动作（扔骨头、扔钱）先后衍生出多个情节。狗狗不说话不要紧，给它配上字幕就等于它的话了，这样就产生了戏剧效果。

除了拟人与代言，保持与动物的平等对话视角也可以实现同等的作用。

一只名叫泡芙的小猫偷吃了火龙果，弄得满身都是，主人正在"教育"它。

"泡芙闯祸了。王泡芙，站起来。我的天呐，瞅瞅你这搞得……衣服也废了，腿上也是，你是想染红指甲吗？刚才喂你你不吃，自己偷吃。还有你的毛毛，得赶紧洗洗，洗不掉就搞笑了。我看看，嗯，伸手手，可得好好搓搓……"（来自抖音"王泡芙"）

这样一段配音，就好像贴心又唠叨的妈妈在教育闯了祸的孩子，以对人一样的平等姿态对待宠物，就营造出了宠物软萌可爱的氛围格调。

2.9 明星娱乐类短视频：需要热点思维

有一类人群看似离普通人很远，但却备受粉丝群体的喜爱，他们就是明星。明星们的一言一行、一食一饮都让粉丝们津津乐道，而关于他们和娱乐行业的一些消息经常成为热搜话题。于是，明星娱乐类短视频也成为最容易聚集明星粉丝的类型。

娱乐业的发达有利也有弊。从正面来说，人们只有衣食住行有了保障才会追求娱乐消遣，娱乐业的兴盛从一个侧面反映了国家的经济实力、社会的安定程度。从负面来说，它也是社会困境的一部分。在种种压力之下，人们的情绪压力需要一个发泄出口。看偶像、明星们是怎么做事的，看娱乐圈里的是是非非就像欣赏故事汇，这些都成了情绪压力很好的排解方式。

明星娱乐类短视频也是一个处在正负交界线的类别，往下一寸容易滑向低俗无聊，往深一寸容易触及隐私名誉，如何做才能既保持正能量，又吸引粉丝群体的注意呢？

2.9.1 明星娱乐类短视频的特点

粉丝文化是当下娱乐业很突出的一个现象。人们衡量一个明星的价值常用到粉丝数的多少，千万的要高于百万的，没有多少粉丝的就乏人问津，这成了娱乐圈的一个怪象。而如何在这个怪象中杀出重围，以正向的视频示人，这就需要创作者仔细甄别和策划。

（1）粉丝流量大

明星的粉丝数量就是自带的流量，一个此类别的短视频最容易吸引的也是明星的粉丝们。对于粉丝来说，"偶像"们的一举一动都在他们的"侦察"范围内，"偶像"今天出席了什么活动、上映的作品反响如何、与哪个明星近距离接触了、与哪个剧组签了意向书，等等，这些关于明星的大小事件都可以成为视频主体。

正因为如此，明星娱乐类的短视频在选择素材时异于其他类别，关于普通人吃喝拉撒的小事件无人关注，但是关于明星的就成了热门新闻。如果能抓到明星的独家新闻就更是不得了，一不小心就上了热搜榜。粉丝们关心明星的哪些事情，就成为素材选取的重点方向。

粉丝自带流量的同时，也会带来一些麻烦，比如因为自家偶像的毁誉，粉丝们经常会在评论区吵得不可开交，这也是"饭圈"文化带来的问题。短视频既要争取粉丝流量，又要避免引发骂战，就需要对素材的来源真伪、是否适合宣传以及遣词用句进行仔细分析和探讨，避免引发不良后果。

（2）严肃话题少，消遣娱乐多

出于娱乐行业的性质，这类短视频从选材到制作都本着"娱乐至上"的原则，素材是明星们和影、视、歌多个行业的大小事件，剪辑制作中添加各种花哨的特效字幕，节奏明快，以欢乐解压型为主，很少触及严肃话题。

但综观目前各类明星视频，有不少是不提倡的负面话题或者具有不良创作倾向，如：过度消费女明星的颜值和身材；过度炒作明星的绯闻和复杂的家族关系，编排真真假假钩心斗角的人际关系……因为粉丝对这些题材的偏好，导致打开网络，娱乐圈似乎全是粉丝们的天下，而粉丝们又喜欢纠结于明星们的细枝末节，对正能量的新闻宣传不够，对事关行业发展的大事更缺少关注热度。

实际上，正向的素材并不少，对社会和粉丝群体也更有意义，如宣传明星的礼貌和素质，名人们关爱妇孺、捐助贫困小学的事件，明星们从苦难中逆风翻盘的成长史，复杂人情社会里坚持的朋友情谊，各类高情商的场面、主持人救场事件，有借鉴意义的夫妻相处模式，演戏中即兴发挥展现的专业素养等，这些都可以成为题材来源，也是账号长久发展应该侧重的方向。

（3）怀旧型题材更易引起好感

除了当下的各种娱乐新闻，以前留存的视频资料、影视资料也是选题的重要来源。一首老歌、一张旧照、一个过去的小故事、一段影视历史里的经典过往，这些可能都是一个时代的回忆，也都可以引起某个年龄段人群的注意。

时间就如同一面筛子，纷纷扰扰的负面新闻随风而去，人们更愿意回顾那些美好的回忆。时光影像记录着每一个人心中最珍贵的青春，让人不忍亵渎。

2.9.2　笑点、槽点与怀旧

娱乐业的发达给新闻媒体行业提供了无穷的素材。在明星娱乐类短视频的选题和策划上，有三个点值得注意。

（1）笑点

娱乐，顾名思义，以提供休闲为主，有笑点的选题最受欢迎。最直白的如脱口秀、相声，婉转一点的如真人秀里明星们的出糗搞怪场面等，这些都可以成为素材来源。

《王牌对王牌》是一档竞技类真人秀节目，因为沈腾等喜剧演员的加入倍添喜感色彩，他们在节目里互嘲、互相斗嘴也相互维护，他们出色的临场发挥能力频频制造笑点笑料。如沈腾的一些机智名场面：

- 主持人：请问宝宝吃多了酱油皮肤会变黑，这是真的吗？

  沈腾：分哪儿的宝宝。非洲宝宝不差那点酱油。
- 嘉宾问贾玲：请问票房过50亿的时候心态有变化吗？

  沈腾（在贾玲回答前插话道）：什么？过3亿的时候就不回我信息了，还50亿？

在以上场景中，沈腾展现了高超的接梗能力，玩笑开得有包袱却不会越界或过分，制造了一个个爆笑名场面，这些也成为短视频二次加工传播的好素材。

（2）槽点

什么样的话题热度最高？对于明星来说，有时被批评和吐槽不见得是坏事。有人讨论就有热度，不论是赞扬还是批评都可以增加曝光度。这个道理对一个短视频账号来说同样适用，毫无疑问，能引发互动和评论的选题就是一个好选题。

比如，网友们常把当下刚出的古装剧和以前的古装剧相比较，吐槽当今的造型、道具、服装、表演等都不如以前的剧集用心。一部新剧集面世，有讨论才会有热度，也才能吸引流量，这对剧集本身来说不是坏事。对于短视频来说，一个引发大讨论的热点话题也会给账号带来关注度。

但是要注意，引发讨论和批评要有一个度。文艺作品需要批评，从批评中改进问题、吸取经验教训，这对于文艺事业的发展是好事，对明星来说也是好事。但切忌无端挑起骂战、为了吐槽而胡乱编排，尤其是在饭圈文化盛行不衰的今天，话题的选择和吐槽方式还是要慎之又慎。

（3）怀旧

正如前文所说，怀旧题材更容易引起好感，而且话题容易保持在安全线以内。毕竟时光已逝、物是人非，谁也不会过分追究江湖传言。因此，在真实基础上适当地调侃亦无不可。

"能够把大导演徐克骂得没有脾气，估计就只有大才子黄霑了。他是华语乐坛最会写歌的男人，却在徐克这里受尽了委屈。当年在拍摄《笑傲江湖》时，导演徐克找到黄霑，希望他能为自己的新电影写主题曲，可黄霑连写了六遍，徐克全都以不合适为由要求重写，逼急的黄霑连夜找寻古书……之后，黄霑连夜把曲子填词，通过传真发给徐克……'不要就另请高明'，这估计是史上最牛的乙方……"（来自抖音"鱼叨叨"）

一首经典曲目的诞生，竟然伴随着如此有趣的过往，让人忍俊不禁的同时，也感怀赞叹那个时代艺术家之间的惺惺相惜和颠扑不破的牢固友谊。

2.9.3 正确运用名人效应

网友们常说一个词：蹭热度。每当一个新闻热点出现，会有许多人努力与热点之间建立联系，以此增加自己作品的人气。有的用热点新闻当标题，有的用热点人物作比喻，不管怎样，只要跟热点攀扯上关系就可能增加自身作品的流量。在2023年淄博烧烤火遍全国的时候，淄博的每一个网红烧烤大院几乎都有主播驻扎。他们从全国各地赶来，不辞辛苦地做直播宣传淄博烧烤，目的正是用淄博烧烤这个热点来增加自身的热度。

凡事必是利弊双生。蹭热度有时让人不齿，但用得好却是提高作品知名度的好方式。这对明星娱乐类短视频来说尤其如此。那如何正确地蹭热度？如何才能用好名人效应？

（1）明辨真假，厘清来源

娱乐圈鱼龙混杂，许多消息真真假假。做短视频首先要守住真实的底线，不能为了热度随意更改事实的本相，更不能编造谣言无中生有。守住真实底线，这是短视频创作的基础，这一点在当下网络发达的情况下尤其重要。

网络暴力，是近年来被频频提及的一个词。有的人随意说一句话，经过以讹传讹，最后三人成虎、积毁销骨，对当事人造成不可挽回的伤害。文艺工作者对新闻宣传一定要保持客观和慎重，不能人云亦云，不能随意当"键盘侠"。

娱乐行业虽然为社会提供休闲方式，但演员、导演等工作人员却有起码的人身隐私等权利，这个权利不能因他们是公众人物就可以忽视。一个新闻的发布是很方便的，网络转发也是迅雷不及掩耳的速度，不经核实的假消息会给当事人和社会带来不可逆的损伤，也会让账号面临封禁的风险，所以发布的短视频一定要仔细核查，确保其真实客观。

（2）谨慎搬运，鼓励创作

明星离普通人的生活较远，哪怕就在隔壁的影视城拍戏，也因为工作需要而不能随意见面。在这种情况下，要拿到明星的第一手资料不是普通短视频所能做到的，于是搬运挪用各类渠道的资料就成了一种创作方式。

如果大家稍微懂一点著作权法，就能明白，直接地搬运和挪用是一种侵权行为；而转载也只能给原创账号增加流量，对自身粉丝量增长加持不多。

在这种情况下，短视频创作者就要想方设法增加自己的原创元素，让作品脱离原封不动的照搬模式。添加增量信息是一个办法。如果没有抢到一手新闻，可以开掘新的新闻源，比如对当事人或见证人进行采访等，给观众展示原新闻所没有的深度内容。

① 明星虽然不容易采访，但还有明星周边的人，相关工作人员、机构、粉丝等，以他们对明星和事件的了解，也可以增加作品内容的丰富性。

② 明星的过往历史、相关言论更容易被网络所记录。翻查这些记录，可以将新发生的孤立新闻与旧闻产生联系，以背景介绍、前因后果、未来预测等方式增加新闻厚度。

③ 娱乐圈的同类型事件很多，一个明星的搞笑瞬间可能与另一个明星类似，何不做个合集？明星们在饭桌上闹出的笑话、某明星历年来撞过的门板、明星们的尴尬瞬间……这些素材可能属于旧闻，但集合在一起就成了一条新的短视频，会产生新的吸引力。

总而言之，运用名人效应是增加账号流量的好方式，但怎样才是蹭热度的正确方式？如何才能保持账号长远健康发展？对这些问题的回答就决定了账号的发展方向和命运轨迹。

2.10 欣赏类短视频：文案要优美精致

我们在讲其他类别视频的时候，强调文案是"准确"大于"优美"，但这一法则在本节却要有所改变。

有一些短视频是用来欣赏的，比如地理风光、精美器物、名画佳作、金曲乐章等，这些以美而冠名的事物闪耀着大自然和人类文明的光辉，与之相配的也应该是精致而又自然的优美辞章。

属于欣赏类的短视频账号包括：风景介绍类短视频、奇观欣赏类短视频、艺术欣赏类短视频、物品鉴赏类短视频等。这一类短视频以画面或音乐欣赏为主，而精美的文案将为之增添信息、画龙点睛。

2.10.1　欣赏类短视频的特点

人类对美的追求永无止境。无论是作用于视觉，还是作用于听觉，抑或是嗅觉——各种能够带来感官和心灵享受的事物都在我们追逐的行列。智能手机如此方便，随便打开便能欣赏到平时欣赏不到的山川风物、奇观美景，还能收获专业的点评和鉴赏信息，这是现代社会的一大福利。

（1）美到极致的感官享受

人们常说：生活中不缺乏美，而是缺乏发现美的眼睛。运用到短视频领域，可以这样说：短视频不缺乏美，而缺乏发现美、创造极致美的能力。

平时为生活奔波着的我们可能没有时间遍览祖国大好河山，但没关系，无处不在的网友们随时随地上传着他们的见闻，极具自媒体性质的展示方式让人身临其境。

更有来自宇宙极地的奇观景象是普通旅游所看不到的。幸亏有网友的分享，可以让我们一饱眼福。

换个角度看晚霞，仿佛来到了另一个世界。（来自抖音"三融在东帝汶"）

雪地极光（来自抖音"雾行舟"）

美丽的庭院

（来自抖音"误会庭院"）

还有美丽的院落、各种人文景观，这些美丽的事物虽在你我身边，但却不是每个人都能拥有的。欣赏它们闹市中的恬静、人群之中的自然，也是给心灵放松的好方法。

优美的旋律、动人的歌声，时代的浪涛中总会留下一颗颗闪着光华的珍珠，这些经典曲目的再现满足了人们对音乐之美的渴望。

不论是作用于视觉还是听觉，美的事物都会在我们的情感中心汇合，提升我们的艺术欣赏能力、对美的感知力，潜移默化地影响我们的思维和生活。

（2）简单纯粹

欣赏类的短视频一般没有复杂的形式，它以声画为主，保留了最原始、最单纯的事物样貌，其他过多的形式都会成为累赘。

其他类型短视频一般有各类滤镜、特效、剪辑手法等，以精彩纷呈的观感吸引观众。而欣赏类作品则不同。美，是纯粹的，原汁原味最受欢迎。于是，这一系列的作品大多以原始样貌出现，再配合以简单精致的字幕介绍，让人们可以最大限度领略美的原貌。

（3）新鲜感

不论是美景，还是美物，抑或是音乐、画作，欣赏类短视频主打新鲜感，以人们平时看不到的事物为主体。要知道，人们永远具有猎奇的属性，对新鲜的事物总会抱有特别的热情。

如果是其他短视频已经展示过的怎么办？比如大家都拍黄山美景，那就要拍别人想不到的视角，或很少有人能拍到的时间节点。有的事物别人已经介绍过了，那么可以考虑增添信息量，介绍鲜有人知的趣闻知识。总之，要让观众对所要展示的事物产生新鲜感和好奇心，每次看到这个账号都有挖到宝的乐趣。

2.10.2 以声画为主的短视频：文案如何自处

欣赏类短视频以干净纯粹为特点，过多的特技效果会适得其反。但文案却是必需的。文案可以是视频的一句介绍，也可以是画面中的简单字幕，也可能是简单的鉴赏分析，这些文案处于辅助地位，却具有不可或缺的作用。

（1）辅助介绍信息

"北宋范宽的传世佳作《溪山行旅图》现藏于台湾地区台北故宫博物院。这幅画的气韵与美不必赘述。视频由三维设计师简心心以及MakeHot等多方协作完成，由央视频道播出。还原之后的溪山行旅全景，你喜欢吗？"（来自微信视频号"文案与美术"）

《溪山行旅图》三维展示
（来自微信视频号"文案与美术"）

这个极美的短视频通篇是对《溪山行旅图》的三维展示。对于名画而言，任何其他的形式都是多余，但简单的文案介绍却让观众可以清晰明了地掌握画作信息以及画作经过三维设计的事情，既帮观众拓展了艺术知识，又将画作唯美地呈现出来。

（2）声画结合，让美翻倍

有的短视频文案字数看起来较多，但多而不乱，追求精美。当这些文案与绝美的画面配合在一起，就如同散文诗有了画面，实现了翻倍的美感。

"在春天的厦门，花瓣飘落的速度，是秒速五厘米。粉色的小火车鸣着笛，先穿过樱花树，又穿过层层叠叠的绿。三角梅从咖啡馆的墙壁里探出头来，她说，喝完这杯'粉色'再走，春天别着急。"（来自微信视频号"房琪kiki"）

这是一段关于旅行的文案，画面是旅行中遇到的各种事物：花瓣雨、小火车、三角梅、花的墙壁等，作者在这些美好的景观之间穿梭，精美的内心独白就像春日里的喃喃细语，与画面相得益彰，取得了一加一大于二的效果。

（3）抒发感受，表达观点

美好的事物总会引人感慨，这些短视频的创作者也是如此，适当的感受或观点可以让观众更能沉浸其中，这里的文案就如同观众的"嘴替"、代言人。

"我发现宋代的画作中，人物都是非常小的。那个时候的绘画讲究天人合一，人，只不过是自然中一个小小元素，但是越往后，人物在画面中的比例就越来越大，自然反倒成了背景。到了明清时期，你一眼就能看出，人才是画面的主体。"（来自抖音"Mori本人"）

这是一个以"宋代之美"为题的短视频，作者在带领观众欣赏宋代的各类画作之后，在结尾处发表了这样的感慨。这是作者对宋代美学的理解，将思想上升到了哲学的高度。这便是感受和观点的有效表达。

2.10.3　画龙点睛

一幅关于龙的画作本来普普通通，但用画笔点上眼睛之后便让其一飞冲天。这个故事告诉我们：有些关键性的内容虽不多，但对整体起着至关重要的作用，是能够让作品由普通变得传神的点睛之笔。

在欣赏类的短视频中，大部分是以画面或音乐为主体，这就像是画在纸面上的龙；而恰到好处的文案就是点睛之笔，它可以让作品瞬间变得高大上，立意凸显、格局提升、内涵层次跃级。

一段宇宙星云的欣赏，配上文案："美到无法想象！使人着迷的宇宙中还有更多的星云等待着我们发现。"（来自抖音"科学宇宙"）这样简单的语句拓展了画面本身的内容，引人入胜的同时还引人面向未来，让观众看后不自觉对探索宇宙产生兴趣和向往。

"阿巴斯镜头里的花，每一帧都是浪漫与诗意。"（来自抖音"粉红野人"）这是一组阿巴斯电影片段的剪辑，里面都出现了花。唯美的画面配上文案，让人立刻回到电影故事情节中，再一次领略浪漫与诗意的美好。

"在狭小石缝中顽强生长，无人理睬，无人欣赏，依然努力绽放生活的光芒。愿我们每一个内心经历磨难的人，即便心中千疮百孔，依然绽放自己的光芒。"（来自抖音"景逸"）画面只是一朵崖壁上的小花，但配上文案之后，立意和格局一下就得到了提升，在欣赏的基础上有了励志的意义。

文案用得好，可以化腐朽为神奇；但如果写不好，也能成为拉低分数的存在。画龙点睛的那一笔贵精不贵多，在精准与优美之间仔细斟酌，一定能找到独属于这个视频的最佳文案。

2.11 历史文化类短视频：文案的化繁为简

中华上下五千年文明浩瀚灿烂，一代代人文成果震古烁今，于是便有了各种介绍历史文化的文章、节目、短视频。

与其他类别短视频有别，历史文化类短视频的创作不仅需要深厚的知识积淀，而且需要强悍的逻辑头脑组织讲述，还需要较精致的包装以适配历史文化的深度和美感，因此它的创作门槛要稍微高一些。

有的初学者喜欢历史文化，但却不了解如何将其化为短视频、如何创作让人喜欢的历史文化短视频，毕竟枯燥的讲解不会有太多观众；有的人懂得创作，但面对复杂的历史文化知识却感到无处下手，就像老虎吃天。本节我们将针对这两个方面的问题进行梳理和探讨。

2.11.1 历史文化类短视频的特点

有历史可以回看的民族是幸运的。

《旧唐书·魏徵传》中，唐太宗谓梁公曰："以铜为镜，可以正衣冠；以古为镜，可以知兴替；以人为镜，可以明得失。"中国人向来注重从历史中吸取经验教训，善于将传统进行扬弃、创新、传承，推动社会一代一代向前发展。

一个民族要屹于世界之林，她一定是叶茂而根深，无根便如飘萍易逝。

古语有云：不忘初心，方得始终。我们讲究寻根文化，讲究"落叶归根"，要知道自己的"根"在哪里，才能知道往哪里去。我们需要从历史中找寻自己存在的意义、方法、途径，以破解困扰当世你我的谜题。这就是人们喜欢看历史文化类短视频的心理根源。

而"以人为镜，可以明得失"。千百年历史中能人辈出，可歌可泣的事迹、机巧辩驳的场景、贤德勇敢的人生——先辈们在岁月长河中创造了一段又一段精彩的历史，也让他们的名字闪耀在历史的夜空。以历史人物为镜、为榜样、为借鉴，学习他们在一个个著名的历史段落中所展现的过人智慧和勇气，了解他们曾走过的弯路和令人后悔的过失，这些将会让我们当下的行为有根可循、有法可效，延续中华民族深厚而优秀的文化传统。

历史文化广博复杂，时代的差异又造成了语言、习惯等多方面的差距与不便，如何才能改编成当下网友们喜欢的样子？什么样的短视频才是受人欢迎的？换句话说，一个合格的历史文化类短视频具有哪些特点？

（1）有干货

毫无疑问，历史文化类作品是以输出干货知识为主，是从历史文化宝库中精心撷取的典故、人物、物品、事件，是能够借古喻今的厚重知识。

喜欢历史文化的观众和知识技能类短视频的收视群体具有相似心理，他们一般都有较明确的收视目的，不以休闲娱乐为主，而以学习知识、增长见闻、加强自身修养为主要方向。面对渴求知识和文化的观众，短视频要具有过硬的干货才能满足他们的需求。所以，不论是什么形式的历史文化，首要的一条就是要保证有真实的干货输出，能给人带来实实在在的知识增补。

需要注意的是，一个短视频账号的输出量很大，一天一条甚至一天几条。这样的工作量让很多账号舍本逐末走捷径，为了数量不顾质量，作品也变得粗糙，"注水"现象也很严重，这是当下此类短视频创作的一个困境。

历史文化类短视频的制作比较复杂，既要有丰厚的知识储备，又要有清晰的逻辑组织能力进行串联，还要有鲜活的策划和生动的形式，这就让作品创作周期更长、工作量更大。但即便如此，此类作品也不能随随便便对待，而要像打造精品一样去创作，保证干货满满、精致有料。

（2）有新意

我们从小便在课堂上学习历史知识，历史于普通大众来说并不陌生，一般的历史知识多数人都耳熟能详，要想获取观众的注意力，就不能随意搬用，哪怕是"炒冷饭"也要炒出新意。

同时，除了对历史已有的了解和掌握，有些历史知识从影视剧等渠道也可以很方便地获取，今天的人们有很多种方式弥补自己知识体系的空缺。

在这种情况下，只有在短视频中做出新意才能让作品得到更强的传播力。从选题到策划再到制作，要找寻合适角度进行创新，以新颖的内容和形式吸引观众的注意力。

（3）客观中正

历史本身是厚重的、是认真的、是严肃的。为了尊重历史，短视频在创作中也要做到客观中正，以丰富的历史文化知识赢得关注，不能靠编造、戏说和过分的演绎来吸引人眼球，哗众取宠的作品也不能走得长远。

（4）简洁明了

作为曾真实存在过的事实，历史事件可能是错综复杂的，因果关系是千丝万缕的，人物的性格也可能不是非黑即白，一件艺术作品也可能融合了多种复杂元素……诸如此类，历史文化有其丰富性，也有其错杂性，这些与短视频的"简、平、快"特征一定程度上是相矛盾的。

所以，历史文化类短视频对创作者要求更高，需要他们能够抽丝剥茧、提纲挈领，能够在万千纷繁中将事物简单明了地介绍出来。

2.11.2 内容、形式、风格缺一不可

正如上文所说，触及历史的作品首先要保持敬畏精神，以打造精品的态度去进行创作，在内容、形式、风格等方面都要下大力气去琢磨和创新。从另一方面来说，短视频的兴盛也让竞争加剧，如果不在各方面达到精品力作的水平，就很难在海量的短视频中脱颖而出。

（1）策划求新

因为网络搜索功能的发达，人们想要获取的知识几乎都可以从网上找到线索。所以，现今人们的知识储备量已大大超越从前，太过普通的知识已不能满足人们日渐增长的求知欲。因此，题材要么新鲜，要么所介绍的知识有不为人知的部分，总之尽量选择有新意的题材，普通的题材也要找出新意来。

可以从哪些方面创新呢？可以是题材内容的创新，找寻普通大众接触不到的历史文化知识；也可以是形式创新，用他人做不到的方式进行讲解。

"杨爸图说"是一个以介绍古建筑为主要内容的短视频号，它的标签是："边画边讲古代艺术与文化"，以手绘古建筑简图的方式向观众讲解相关历史文化知识。

建筑本身属于理工类，它的知识相对要枯燥一些。同时，建筑又是复杂的工程，想说明白也不容易。但是"杨爸图说"将这些建筑图纸化，生动形象地介绍古建筑的奥秘和魅力。就如这一则短视频，从一棵树开始说起，树变成柱子，变成华表，变成牌坊……一步步成为样式复杂的各类建筑，让人一目了然，又感到新鲜有趣。

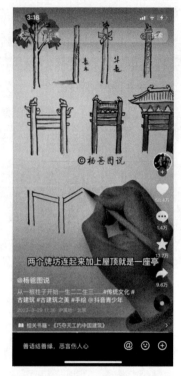

从一根柱子开始生出的古代建筑
（来自抖音"杨爸图说"）

（2）内容求实

网络的发达让信息资料的获取方便快捷，但真实性有待考证。有些性急的账号不经求证便随意采用网上信息，更有的短视频为了快速获得流量不惜造假博眼球。这些情况导致各类作品鱼龙混杂、良莠不齐，有的作品甚至带有以讹传讹的编造成分，让观众不得不对网上的作品时时存疑，不敢轻易相信。在这种情况下，一个账号能经营出长久的公信力也就实属不易。

有人戏言：历史是一个任人打扮的小姑娘。但作为媒体发布的作品，我们却不能肆意"涂脂抹粉"、歪曲事实、哗众取宠。在创作取材的过程中，首先要对素材资料进行再三核实，辨清来源、校对数据、厘清史实，让内容扎实到位，让观众能获得符合真实历史的知识。

（3）化繁为简

历史虽然脉络清晰，但细枝末节却是相互缠绕、纷繁复杂。要想把一个历史事件讲清楚，把一个历史人物讲明白，把一个文物讲透彻，就需要仔细地梳理和廓清。

同时，短视频的观众大多缺乏看长时作品的时间，也不愿意在如此有限的时间里再耗费过多脑力去思考。如果作品能够将纷繁的历史文化以简明扼要的形式展现出来，让观众能快速吸收和理解，这样的作品将备受欢迎。

翻开抖音号"小璐歌"的作品列表，"10分钟了解隋朝""10分钟了解南北朝"这样标题的作品比比皆是，而"杨汶锦讲历史"也成为时下网络上一个热点话题。这位创作者是个原本从事程序员工作的中年男人，他对历史十分热爱，凭借理科生逻辑思维能力强的优势，他梳理了一个又一个10分钟，讲述一个朝代、一个历史人物、一处古迹或一段鲜为人知的历史。视频不仅有丰厚的历史文化知识，还有自己的人生感悟，十分受人欢迎。一个朝代的历史何其繁复？但杨汶锦老师却将它装进"10分钟"的套子里，化繁为简，让观众学习历史没有心理负担。简洁明了的形式成为其作品成功的重要原因。

（4）讲好故事

古往今来，人们对故事的热情一直高涨不退。从孩童央求妈妈讲故事，到村口大妈们你来我往的八卦故事，再到影视剧经久不衰的故事演绎，故事具有天然的吸引力，能将琐碎变得荡气回肠，能让普通变成传奇。

故事是历史文化的最好载体。一个朝代的更替、一个人物的生平、一个典故的前因后果、一件艺术品的由来，这些背后都隐藏着无数鲜为人知的故事。将这些故事挖掘出来、讲述出来，短视频自然就增加了吸引力。

讲好故事需要专业能力。在纷繁复杂的历史中找寻点滴线索，顺藤摸瓜串联信息，再组织成观众喜欢的形式，这样的创作能力非一日之功，但对于创作却意义非凡。本书将在第5章对讲故事的技巧进行特别探讨。

（5）抓取细节

我们要介绍一个人，一定是把他身上最显著的特点描绘出来，一双炯炯有神的大眼睛、一双历经操劳而骨节突出的手、一副大大的眼镜……这些细节代表了人物的特点，也是最引人注目和最容易让人记住的地方。

历史文化也是如此。海量的历史图景中，哪个点是特别的？哪个人物说了什么经典的话？哪个场面成为流芳千古的经典？一处遗迹的哪个地方是最有研究价值的……这些细节的存在让历史变得具体而饱满，对细节的展示就是对历史重点的抓取。

而细节不仅是事实本身，它还是载体，是历史文化知识抵达观众的媒介，也是观众看视频的着眼点。

"这个其貌不扬的小石墩来自明朝万历年间""这里就是当年某名将与家人告别的地方""这个日月形的象形文字就是比甲骨文还要早的原始陶文"……这样的表述让观众不再飘浮在历史上空，而是把眼光踏实地落在具体事物上。观众的眼睛有了实际目标，思维也具象了起来，历史文化的介绍由此变得扎实而接地气。

（6）风格统一

一个账号的打造需要保持一致性，这样才能有鲜明的辨识度。将系列视频的风格进行统一，竖立独有的特色标识，这样就可以将自己和其他视频账号区别开来。

如上文提到的抖音号"杨爸图说"是以手绘古建筑的方式形成自己的标识和风格；而杨汶锦老师讲历史则以条理清晰、简洁明了胜出，形成自己的风格特色。抖音号"奇墨历史（探索放映室）"的作品采用了黑白色调的动画、图画、特效相结合的方式，让历史讲述带有冷峻气质，尤其是人物权谋的讲解就更让人有感觉。抖音号"磨时艺术"则反其道而行之，采用了无厘头搞笑的风格，用FLASH动画等形式将历史人物漫画化，让历史知识变得生动而有趣。

想要确立自己的风格，不仅可以从讲述方式、影像形式上着手，还可以打造性格鲜明的人设、IP。如微信视频号"意公子"以主播出镜讲述为主要方式，人物亲和而知性，讲述历史娓娓道来又不乏硬朗英气，这便成了视频账号鲜明的标识和风格。

2.11.3 解决"与我何干"

说一千道一万，观众为什么会看你的短视频？短视频的世界精彩纷呈，如何让略显枯燥严肃的历史文化知识抓住人心？历史文化类的知识与现代社会相去甚远，它能给现代观众带来什么样的好处？对这些问题的回答，需要将目光对准一个焦点：与我何干。

人们更容易对与自己相关的事物感兴趣。举个例子，你属牛，而眼前有两篇文章，一篇分析属牛人的性格，一篇介绍属羊人的性格，你会选哪个？我想大部分情况是点开关于介绍牛属相的那篇文章，道理很简单，因为这

"与我相关"。

而历史的内容毕竟已经远去，许多故事尘封在岁月中几近风干，如何才能让它们与观众产生联系，让观众觉得这些历史文化"与我相关"？只有解决了这个问题，才能克服历史文化知识因久远性和枯燥性带来的疏离感，才能让观众爱上这个短视频账号。

（1）让生动有趣的故事成为谈资

如前文所述，故事是提升传播力的最佳方式。人们对故事没有抵抗力，即使这个故事与"我"的现实生活没有交点，也可以成为茶余饭后与朋友之间的谈资，解决一下"社恐"人士的难题。

要实现这个目标，就要把故事讲得生动有趣，有点、有面、有新鲜感，并且要简单明快，方便进行二次传播。

（2）带来人生感悟

"以古为镜，可以知兴替；以人为镜，可以明得失。"从历史中照见现实，从先贤先辈的生平中照见自己，这是人们喜欢读历史的重要原因。而短视频在进行讲解的时候，如果能帮助观众提炼出可以学习借鉴的地方，就解决了许多人理解困难的问题。将人生感悟和生活哲理直接采纳吸收，这样的短视频更容易吸引人。

如微信视频号"意公了"采用的就是夹叙夹议的方式，并常常抒发体悟与感慨，这成为粉丝们喜欢她的重要原因。比如在《世上从此有了满江红》这一期的结尾处，她说道：

"其实在写岳飞这一期的时候，我有过很多犹豫，因为相隔八百年，很多真相已经离我们太遥远了。甚至你会看到，现在还有学者在说什么'满江红不是他写的''出师表不是他写的''秦桧其实是好人''岳飞是抗金英雄而称不上民族英雄'，等等。但是我觉得，历史上真实的岳飞究竟是什么样已经不太重要了。我们之所以怀念他，是因为我们内心对于人性光辉还有一种渴望，一种尊重，一种致敬。我们看到了一个足以照耀我们的灵魂，他在启发我们，当我们遇到人性拷问的时候，我们至少知道，孰可为，孰不可为。我们至少知道，这一生，这一个大写的人，应该如何顶天立地。"（来自微信视频号"意公子"）

（3）带来可以效仿的行为模式

有句话说："太阳底下没有新鲜事。"我们在生活和工作中遇到的难题、人生中遇到的困境乃至一个社会和时代的遭遇，都可以在历史中找到相似的情况，当然也就有可以借鉴的处理方式。

就比如我们为什么尊重孔子，又从小就学习《论语》，因为在那些相隔千年的语句中包含着能解决我们大部分问题的哲学方法、行为模式甚至心理疏导、人际关系调节的方法。

在对历史人物进行讲解时，要想清楚他与现代人在哪些方面有相似点？他的哪些言行可以对当下有所启发？围绕这些要点进行创作将使作品更有吸引力。

（4）帮助观众修身养性，提升文化和艺术素养

历史虽已远去，但一脉相承的文化和艺术素养却是先辈馈赠给我们的最好礼物。通过观看历史文化类作品，在专业的讲解和引领之下学习历史知识、熏陶浸染传统文化、提升素养、修身养性，这是观众选择历史文化类短视频的重要原因之一。

由于各种原因，有人可能不能随时随地看画展，不能经常去听音乐会、逛博物馆。但是看短视频却方便得多。看短视频，不仅可以让人如亲见一般领略传统文化的魅力，还可以使人拥有一对一的讲解，是学习和提升素养的便捷方式。

2.12 新闻资讯类短视频：
文案需要醒目简洁

新闻的本义是新近发生的事情，是记录与传播信息的一种文体。在报纸、广播、电视作为主要宣传渠道的时代，发布新闻是属于官方主流媒体的重要使命，一条新闻的报道过程也有着非常严谨的创作和审核流程。

在互联网时代，新闻不再是主流媒体的独家产品，它的报道权散落到了普通人手中。一个新闻事件发生后，不仅各个自媒体争相报道和转发，普通

的民众也为这些流量贡献了自己的力量，而这其中运用最多、最方便的形式就是短视频。可以说，短视频改变了新闻报道的传统方式，颠覆了传播者和受众之间的关系，塑造了互联网时代的新闻发布新格局。

相较于其他创作类短视频，新闻资讯类短视频多反映偶发事件，素材都是真实记录无扮演，目的是传播新闻和信息，因此，它内容的重要性要大于形式。而作为传统新闻的变异，它既保留着正统新闻的创作特性，又有短视频独特的创作规律。对于非新闻专业的自媒体来说，新闻资讯的传播比其他类型短视频要更加谨慎，既要掌握一定的专业新闻创作手法，还要熟悉当下网络环境对新闻资讯的需求特点，这样才能以真实、客观而又生动有趣的新闻满足人们对资讯的需求，进而扩大账号的影响力。

2.12.1　新闻资讯类短视频的特点

由于身兼两方特质，研究学习新闻资讯类短视频的创作手法，就需要从两个方面入手：一是它作为新闻产品的特性，二是它作为互联网产物所具有的短视频特性。

新闻资讯类短视频兼具多方属性

（1）新闻的特性和专业创作手法

关于新闻创作的专业手法，有三个关键内容需要掌握：**新闻的三个特性、新闻六要素、新闻的结构**。

提到新闻创作，人们最先想到的是新闻的三个基本特征：真实性、时效性、准确性。一条合格的新闻首先是真实可靠的，无虚构编造成分；第二要有时效性，也就是"快"，离发生时间最近的才是新闻，时间久远的只能叫"旧闻"；第三要准确无误，各个细节都经过仔细核实校对，带给观众最精确的信息。

要实现以上这三个要求，就要用到新闻创作法则——新闻六要素：时间、地点、人物、起因、经过、结果，也就是五个"W"和一个"H"，Who（何人）、What（何事）、When（何时）、Where（何地）、Why（何因）、How（如何）。

如："2023年6月9日高考的最后一天（时间），某市一中的门前（地点），一名等候考生的女士（人物）因天气炎热（原因）意外晕倒在地，附近人群纷纷上前帮忙，给这名女士解暑降温（经过），十几分钟后救护车到来，将这名女士接走送往医院（结果）。"

有许多初入门的短视频创作者明明有很好的新闻素材，却不知道如何进行组织，不知道如何写文案才能既简练又清晰地传达信息。在这种情况下，"新闻六要素"就是一个很好的入门级指导法则。它可以帮助创作者快速厘清新闻要点，阐明事实来源，表达新闻价值。"新闻六要素"实际上就是本着一件事情发生发展的逻辑关系，向人们明白告知时间、地点、人物和事情经过，让观众对事件有一个全面的了解。

有些新闻没有具体时间怎么办？有些事情不是具体某一天发生的，可能发生的时间跨度比较长，内容也可能不是一个具体事件而是系列事件的组合。在这些情况下，时间的表达也可以更加灵活，比如："近年来""过去的一个月里"等。新华社的新媒体客户端还创造出一个"刚刚体"："刚刚，某国家部门宣布……"时间可以不具体，却不能缺少时间表达的元素。

也有的事件刚刚发生，还来不及调查原因、经过，那么也要告知观众无法讲明过程的原因，同时注意在后续报道中对缺失的信息进行补充。

在了解和掌握了新闻的六要素之后，就要对新闻进行组织和写作。新闻的结构一般包括标题、导语、主体、背景和结语这五个部分。标题包括（但不必齐备）引标题、正标题、副标题；导语一般见于播报开篇，用一段话简要概括或提示新闻内容；主体即是新闻的主干，将新闻六要素进行充分表达；背景是指新闻发生的社会环境和自然环境，指出新闻发生的环境影响；结语既是对新闻的总结，可以总括新闻内容，也可以表达观点和期望。

《力箭一号遥二运载火箭成功发射'一箭26星'送卫星入轨》（标题）

昨天12时10分，力箭一号遥二运载火箭在我国酒泉卫星发射中心成功发射升空，采取'一箭26星'方式，将搭载的试验卫星顺利送入预定轨道。该批卫星主要用于技术验证试验和商业遥感信息服务。（导语+主体）

此次任务是力箭一号运载火箭第二次飞行。力箭一号是我国当前最大的固体运载火箭，由中国科学院力学研究所抓总、中科宇航公司参与研制。该箭起飞重量135吨，起飞推力200吨，总长30米，芯级直径2.65米，500公里太阳同步轨道运载能力1500公斤，丰富了我国固体运载火箭发射能力谱系。（背景）

中科宇航表示，火箭发射连续成功，标志着力箭一号技术状态成熟和可靠性不断提升。该箭现已形成完备的生产制造服务体系，正式迈入批量化生产、规模化运营、系列化发展，能为卫星用户提供高品质、低成本、快响应的定制化发射服务，将加速我国商业运载火箭航班化发射步伐。（结语）"（来自《北京晚报》）

对新闻专业写作的学习可以参考各大主流媒体，特别是央视新闻等国家级官方媒体，学习正规新闻的创作手法以及真实、客观和具有公信力的创作态度。

（2）短视频化带来的特性

当新闻进入短视频领域，它原有中规中矩的播报方式发生了改变。为了迎合观众的碎片化收视和休闲属性需求，同时为了适用于手机浏览观看和网络传播，短视频化的新闻资讯出现了这样几个特点。

① 碎片化属性。对专业新闻发布的六要素要求有所放松，也不再执着于标题、导语、主体、背景和结语五个部分的齐备，有的新闻资讯可能只是一句话、一个画面甚至一个图片，它只将新闻资讯的主体内容传达到位，满足观众对某个点的需求而不是全面性需求。如上文提到的关于"一箭26星"的新闻，网络上的短视频资讯是如右图所示。

可以看出，传统媒体和网络资讯对"一箭26星"的事实报道有鲜明区别。传统媒体信息全面、数据翔实，而网络上的资讯只是简单的

一箭26星
（来自抖音"人民日报"）

一个火箭发射场景再配上简单的几句文案。如果有网友想要了解全面信息怎么办？短视频的新闻资讯就如同一个"引子"，想要深入全面了解需要到强大的网络上去搜寻。

② **娱乐化属性。**在手机上观看短视频的观众有一个共同的需求，那就是休闲娱乐，哪怕是新闻资讯，也希望以相对轻松和易于消化的方式进行接收，过于严肃的新闻并不适用。于是，我们看到这一类的短视频虽然还是属于新闻，但可以有音乐，可以有煽情的文案，可以有点评和观点。这些在专业新闻中可能会影响真实、客观而需要避免的元素，在短视频中被应用得如鱼得水，成为一番独特景象。

同样是"一箭26星"的新闻，各家短视频账号不仅配上了音乐，而且有的账号利用时间与高考的重叠，添加了"一飞冲天"等暗喻手法，并纷纷表示点赞祝贺。这些手法使新闻偏离了严肃、客观，但却平添了趣味性、人情味，因而对于观看来说更加具有舒适和愉悦感。

③ **互动属性。**原本报纸、广播、电视等主流媒体对新闻的发布传播是单向的，也就是从媒体到观众单线进行，传播者与受众之间缺少互动，即使有反馈也不是即时的。但互联网改变了这一现状。在网络上，每当有一条新闻资讯发布，评论区就是观众讨论、点评的舞台，其热烈程度往往能再成新闻。而短视频平台所设置的点赞、在看、转发等功能，也以另外的方式诠释着这一互动属性。在这种情况下，新闻已不再限于大众传播的范畴，而具有了人际传播、群体传播的属性，从而形成了新闻传播的新格局。

2.12.2 优化与适配：专业与网络化的兼容

在了解了新闻资讯类短视频的特点之后，在该类短视频创作中如何既保持专业性又适配于网络短视频的特点就成了主要研究方向。以下几个创作方向可以参考。

（1）把长新闻剪短，一次只表达一个点

在传统媒体上，一条新闻短则数十秒，长则数分钟，而这样的长度对网络来说还是显得长了。不少新闻可以掐头去尾大力精简，只拎出主干部分。这样做的结果就是一条资讯短视频只传达一个主要信息，其他包括背景、细节等多项内容统统略去，要想进一步了解可以借助搜索引擎等工具和手段。

（2）选取网友感兴趣的部分

既然要把新闻进行碎片化传播，那么一个"碎片"要报道什么？需要拎出哪个点来进行宣传？对这个问题的回答，互联网有不一样的答案。

还是以航天新闻为例。近年来，我国载人航天事业迅猛发展，很多新闻都在对航天员在太空中的生活进行报道。但网络上的关注点是这样的：

记者："上天之后会变高是吗？"

吴大蔚（航天员系统副总设计师）："对，是的。"

记者："高多少？"

吴大蔚："按照目前国内外载人航天报道的数据，高3到5个厘米。"

记者："不少呢！1米7就长到1米75了。"

吴大蔚："是的。"

记者："会在回来的时候缩回去吗？"

吴大蔚："会的。脊柱在重力的作用下会压缩椎间盘，到天上就会伸长了。腿不会变长，但是所有这些缝会变大了，所以人整个就会长了。"（来自抖音"央视新闻"）

从宏大的主题报道，到关注航天员在太空中的适应和变化，很明显，网友们对这些事关人本身的细节更感兴趣，对长高的话题更感兴趣。由此可以看出，短视频化的新闻资讯题材选取不一定必须锚定社会价值，更多的要从观众的收视心理出发去寻找他们的兴趣点。这样做的好处，除了让新闻变得轻松愉快，还抓住了观众的兴趣点、注意力，同时可以另辟蹊径，避免雷同化报道。

（3）可以加音乐

传统的新闻报道以中正、客观为标杆，后加的音乐、音效等都被认定为影响客观和真实性的破坏性元素，所以鲜少用到音乐。但网络化的资讯却不同。根据对网络短视频的特性研究，短视频所主攻的正是网友的情绪点，"情绪经济"的属性让短视频努力寻找笑点、泪点、槽点、爆点，而音乐对抒情起着非常显著的作用。如展示大国形象的新闻，音乐一般雄浑威严、气场强大；社会暖新闻，配的音乐就比较煽情，或催泪或逗笑。

由于网络信息的普及和人们辨识能力的提升，音乐的加入并不影响作品的真实性和客观性的表达。相反，合适的音乐会增添作品的娱乐性，让作品以更加轻松愉快的方式让人接受。

（4）可以煽情描写

与上一点同理，传统的新闻报道为了保持客观中正，极少使用带有感情色彩的描述文字，也不鼓励使用过分渲染的修辞手法。而网络化的资讯却不一样。

一则海边救人的网络资讯文案是这样的：

"一名13岁男孩不慎被卷入海中，海浪戏谑着男孩。此时岸上已经聚集了几百人，没有人敢下去救援。并不是他们麻木，而是台风即将过境，巨浪滔天，大家并没有把握在这种情况下能自保，更何况还需要进行救援？男孩还在拼命自救往回游，却被海浪一次次无情地拍回去。好在我们的英雄王延祥赶来了。54岁的他曾经一小时救了5条人命。王延祥丝毫不惧巨浪的咆哮，矫健地越过礁石来到海边，一个猛子直接扎进海里，快速向男孩游去。……翻滚的海浪无情地阻挡着王延祥的前进，毫不留情地消耗着他的体力。……十米、五米，快要虚脱的王延祥带着男孩顺利抓住了警戒救援线。……让我们为王延祥点赞，祝福他长命百岁。致敬英雄。"（来自今日头条"十一论英雄"）

可以明显地看出，这则资讯中具有十分详尽的细节描写，有大量带有感情色彩的词句，运用了讲故事一般的跌宕起伏的描写手法，并鲜明地表达了观点。这些在传统新闻报道中需要尽量规避的点，在网络上却是赢得关注和认同的有效手段。同时，这些带有情感的描写也更能激发人们心中的情感共鸣，增加作品的转发、点赞、评论频率。

（5）平民视角的表达

如果你与朋友说话，一般用什么语气？可能是调侃，可能是窃窃私语，也可能是愤慨或兴高采烈，总之不会用新闻播报一般的语气。而网络上的新闻资讯正是需要克服新闻腔，以和网友平等的视角来进行表达，如朋友间的交流一样亲切、自然、情感流露，这样才能获得网友喜爱和关注。

2.12.3 小切口 大主题

根据前文所述，网友们的兴趣点与传统新闻有差异。就如相对于宏大的载人航天事业，人们更关心在太空中是不是会长高，有时一个不起眼的小点可能比严肃新闻更能获得关注。那么，我们的创作是不是应该沿着这个方向进行，而忽略对宏大命题的关照呢？选题和策划是不是要向着琐碎和庸常靠近？答案显然是否定的。

在写作中常用到一个词：**以小见大**。一个小小的切口背后常常有宏大的主题，人们可能为了这个小切口而感兴趣，但这个兴趣来源是建立在宏大的价值意义基础上的。就比如太空中会长高这个话题，如果不是中国载人航天技术一次又一次刷新记录，网友们的注意力就不会偏向长高这个话题。小的切口要有大的主题才会成为有根之木、有源之水。

反过来讲，宏大的主题也需要小的切口来进行落地。一般大型的主题涵盖范围广、内容多，抽象和概括性的表达更为常见。这种情况下，一个事例、一个细节就可以帮助这些抽象和概括性的内容落到实处，成为观众可以具体可感的实际事物。因为有了小切口，大的主题表达不再显得空洞虚无，也不会让人感觉"老虎吃天无处下口"，更符合人们的表达和欣赏习惯。

由此可见，小切口和大主题是相辅相成、互为助力的关系。在实际的创作中，如何才能利用好这一对关系呢？

（1）遇到大主题，寻找小切口

遇到较大的题材，如果不寻找具体的细节和事例，就容易陷入概括性的抽象表达，不容易让人接受，也不易消化吸收。这时候，要寻找一个可以打开话题的小切口，以小见大、以点带面进行组织表达。

比如想要宣传城市文明，不要一上来就进行数据化的描述，也不要写道路如何、市民素质如何。比较好的选择是去寻找一个具体的细节，比如某年某月某日，某条道路上发生了公交车礼让小学生、小学生向公交车司机敬礼的一幕。这个小小的事例就可以作为一个切口，切进对城市文明环境的描述中。

而在网络环境中，有时甚至不用以点带面，直接表达这个"点"就可以，网络上丰富的信息便是基本面，可以为这个"点"背书。就如上文提到的例子，网络资讯短视频完全可以只报道"礼让斑马线"这一个点，其他即使不提，这座城市的文明程度也可窥见一斑，观众自然会对这个城市提升好感度和认同感。

（2）遇到小切口，思考大意义

从另一个角度来说，如果先遇到的是一个具体的事例或人物，想要进行宣传报道，就要思考其背后有无更深层次的意义可以开掘。

如果路上看到一个残疾人乞讨，可以调查和思考这种现象在本地是普遍的还是个例？相关政府部门有无采取措施？如何才能解决这一社会问题？将这些小的现象向形而上的方向进行探究，向有关国家和社会发展的角度进行思考，向有关人性的角度进行讨论，这将会使小切口具有大格局，它的宣传和报道也就有了厚重感和更深层次的意义。

前引

　　更短、更快、更强烈，小视频对信息传播速度、情绪感染能力、内容通俗极致的追求，再一次对视频的表达方式进行了革命和创新。

　　作为短视频中最流行的一支，小视频的部分属性与创作方法也适用于其他类别短视频。因此，本章部分内容为小视频、短视频的两个概念的通用阐述。

第3章

爆款小视频策划与创意解析

3.1 小视频创作的逻辑密码

一曲《小鸡恰恰舞》引发全网模仿，说唱《我是云南的》让全国各地网友跟风创作，几个简单的舞蹈动作引起全网"病毒式"传播……这些曾在抖音等平台火爆一时的小视频令人印象深刻，而这样的现象级小视频还在不断地被制造，层出不穷的态势愈演愈烈。

简单直接、通俗明白，短至十几秒甚至数秒的小视频并不是新鲜事物，但却在近几年大行其道，成为短视频中的一股主流力量，其后所映衬的社会背景和时代信息令人深思，而学习和掌握它的创作逻辑就是与时俱进的最好方式。

3.1.1 小视频热潮兴起的原因

在短视频兴盛之前，人们传播信息、交流互动的方式远不如今天这样便捷和多样化，而资讯的收集与发布也一直是独属于电视台等专业媒体机构的功能。随着经济的发展，普通人应用视频软件越来越多，尤其是智能手机的普及让人们录制、剪辑短视频越来越方便，这给短视频的流行提供了物质和科技基础。

紧随而上，自媒体的兴起改变了专业媒体机构掌控信息发布的格局，民众的表达方式发生了革命性的改变。每一个自媒体账号就如同一个小型的电视台，畅所欲言、创意无限，这为有表达欲望的人们提供了自由创作的平台，表达的话语权也进一步下沉到普通人手中。

经济的快速发展创造了物质基础，也改变着人们的心态，其中一个突出表现就是工作和生活节奏越来越快、各方面压力越来越大，人们的心理需要疏导和放松，而短视频的出现恰逢其时，极好地承担了这一功能。短视频的碎片化属性让人们在紧张忙碌之余有了喘息的空间，是很好的解压和情绪疏通工具。而当节奏加快到一定程度，更短的小视频应运而生也就在情理之中。

人们的耐性在变差的同时，对深度和思考的追求也在降低。因为工作和生活的压力，人们最需要的是情绪释放和压力放松，这一首要需求导致小视频的其中一支倾向于满足感官刺激需求；一支努力在最短的时间内以一个爆点点燃情绪；一支以音乐卡点为支撑，起到放松神经、娱乐身心的目的；一支以知识和技能展示、传授为目的，讲究实用性；还有更重要的一支，就是资讯类小视频，是网络化的新闻传播新方式。

当然，小视频的种类不止这些，应该说，在全民创作的情况下，小视频种类花样繁多，并不受框架限制。但万变不离其宗，小视频创作的目标无一例外都是想打造全网爆款，希望形成"病毒式"传播，那么，它的创作内核就值得一探究竟。

3.1.2　小视频的创作特点

正如前文所述，小视频虽然是短视频的一种，但因其壮大和现象级发展，已经拥有了独特的创作特点和收视规律。

从创作上来看，小视频一般竖屏拍摄，这一点同时照顾了普通民众拍摄和收看两端的习惯和需求。尤其是收看端，数据显示，**竖屏视频的观看量要比横屏多一倍，竖版模式也更容易介入算法推荐。**

从时长和内容来说，多数小视频在15秒左右，长至1分钟和短至3秒的也不鲜见。如此短的时间内要想实现传播效果，就不可能选择丰富的内容和曲折的表达，只有在简单、冲击力强、爆点上下功夫，争取全片高能、全程亮点。

从类别选择来说，资讯类小视频作为一大主流，更短的新闻、更快的发布、更精准地传达成为首要追求，所以信息的高能表达就成为其首要目标。另一大主流——音乐卡点模式，则将节奏和韵律感发挥到极致。

从形式上来说，小视频多以口语化出现，

竖版更适合手机观看
（来自抖音"极目新闻"）

追求网感、热梗、无厘头，特别贴近年轻人的风格，活泼自然、不拘一格。

从优势上来说，小视频有更强的情绪，或者说，小视频放弃深度思考换来了更强的情绪冲击力。不论是泪点还是笑点、槽点、赞点，小视频用情绪感染力点燃人们内心的火焰，进而引起强烈共鸣，并进一步对小视频进行点赞和转发。

因为这些优势的存在，小视频具有很强的互动性、传播力，这使得它的商业性极大加强，能够适应各种营销需求，因而生命力极强。

3.1.3　小视频的创作逻辑

小视频创作虽然也呈现碎片化趋势，但敏锐的创作者们早已深谙其中的创作密码。简单来说，小视频打造了这样一条创作轨迹：**吸引注意力—唤起情绪—引发共鸣—推促互动和自发传播。**

吸引注意力，这一点在任何视频中都会强调，在长视频中要把亮点放在开篇也是为了吸引注意力。而小视频一般"亮点即全片"，夸张的表情和言语、爆炸性的信息、另类的外观、让人惊叹的现象……总之用各种手法吸引到观众的眼球，这是成功的第一步。

第二步，迅速唤起观众的情绪。人的情绪有很多种，喜、怒、哀、乐、敬佩、厌恶、恐惧、渴望、满足等等。小视频的任务就是让观众迅速产生代入感，对视频主人公或氛围感同身受，唤起观众相似的情绪。比如大家都很喜欢的社会暖新闻，有时仅仅是一个路人对另一个路人的举手之劳，互帮互助的暖心情节直击人心，这是对善的渴望和认同。当然，如果是一个家暴的画面，那就会引发极大的愤怒，甚至形成社会舆论现象，这是人们对恶的排斥和对受害者的同情心。

有了情绪的酝酿，就能够迅速引起共鸣，进而让人忍不住点赞、评论、转发、关注，也就实现了流量增量和粉丝黏性的增强，为提高账号价值做出积累。

需要注意的是，在四步创作中，**"唤起情绪"是最为关键的一步**。要想实现快速的情绪感染，首先要有洞悉人心的能力，对人所具有的情绪和容易引发情绪的事物保持敏锐感知。创作者要有充沛的情感和对生活的热情，这样才能与观众达成同理心的一致。

在小视频潮流之前，我们常讲一个词："眼球经济"，也就是争取注意力就能实现商业价值变现。而在小视频时代，我们需要换一个说法，那就是"情绪经济"。可以说，谁掌握了情绪密码，谁就能在小视频潮流中独占鳌头，具有更大的商业变现能力。

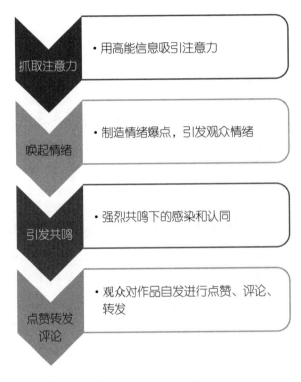

爆款小视频创作逻辑

3.2 爆款特质

全网短视频的产量是惊人的，仅以抖音平台为例，有数据显示，抖音的创作者已经超过了1.3亿，也就是说，每10个中国人中就有一个在为抖音提供短视频作品。海量的创作者、海量的作品、持续推陈出新的内容和形式，这一切让短视频行业呈现应接不暇的状态。而这其中，小视频因其创作的简便性、随意性，数量剧增、花样翻新，表现尤其突出。

但是我们依然看到，在如此海量的作品中，一段时间内总是仅有那么几个短/小视频是真正火爆全网，形成病毒式传播的。或者把要求再降低一点：播放量过亿的短/小视频，它们有什么共同的特点吗？有什么特质是为观众们所偏爱的？

3.2.1 特别：人们喜欢不一样

人们都有**猎奇**的心态。猎奇的心态有两类，我们用下面这句话进行说明：**在遥远的国度看似曾相识的风景，或从熟悉的人群中找不一样的闪光点。**

"在遥远的国度看似曾相识的风景"——这其后的心理归因是从陌生中找熟悉，寻找一种认同感。举个例子，喜欢看《动物世界》的观众是看什么？是欣赏动物的哪一方面呢？答案是：欣赏动物如人类一样的特质。它们的亲情、友情、社会性关系，它们的勇猛、胆怯、伺机而动，它们的生老病死一样无可奈何……这一切都是人类自身的映照，人们从这里看自己、看自己的处境，获得一种"心有戚戚焉"的感觉。

"从熟悉的人群中找不一样的闪光点"——这就与上一条恰好相反。人们对周边的事物过于熟悉，如果要呈现这方面的内容，要怎样才能吸引大家的注意力？怎样为大家创造欣赏价值？答案就是从熟悉中寻找不一样的地方。网上热传的变装系列小视频，前一秒是邻居大妈，后一秒就变成了大祭司，这就是从熟悉到不一样带来的惊艳感。一个看起来普普通通的人，下一秒就亮出了拿手绝活儿，而且不是一般人能做到的，这就是普通中的特别和不一样。

不论是从陌生的环境中找寻认同，还是从熟悉的语境中发现另类，选题中总有两个隐含因素：熟悉和陌生。将这两个因素揉碎、重新捏合，会出现无数可能。

3.2.2 正能量：人们需要向上的力量

能够在全网得到大面积转发的短视频，一定不会是低俗、价值观低劣的短视频，而肯定是正能量的短视频。为什么？对政府的各宣传部门来说，显而易见要推送正能量作品；对各短视频平台来说，首要推荐给用户的也是正能量作品。这两点是正能量作品得到大流量的首要条件。

那么，作为收视一方的观众为什么对正能量作品尤其钟爱？这源于代入感产生的认同。

一个要轻生的人被路过的公交车司机救下——人们代入了那个心伤绝望的妇女，潜意识里会想：如果我落入绝望的境地，希望也有一个英勇的路人来拯救我，告诉我人间还有温暖。人们也会代入那个勇敢的司机，希望自己和他一样对社会充满善意，随时出手锄强扶弱。

一个载货三轮不堪重负侧翻了，四面八方的人涌过来帮助司机——人们会对整个社会的风气产生信心，感觉社会还是温暖和有力量的，如果自己有一天遇到困难，希望也能得到这样及时的帮助。

一个拉着重物艰难爬坡的人，付出很大力气之后忽感轻松，原来是有人在车后默默地推了一把——观众会产生代入感，感叹虽然人生多辛苦，但陌生人的一个小小举动便可以温暖了世界。

滂沱大雨中，一个男子举着伞低头注视着什么，原来伞下是一只无处可去的小猫。雨不见停，男子却要赶路，于是索性把伞撑在小猫头顶自己离去——铁汉柔情，我们同时代入了男子和小猫，希望所遇之人皆如男子一般温柔善良，希望自己也可以伸出援助之手，一解弱者之苦，感受自身价值。

在这些感动了众多网友的小视频中，正能量的核心作用体现得非常明显。无论社会如何发展，作为观众，我们会一直喜欢向上的力量。

正能量的主人公可以是特殊的人，也可以是普通人。需要注意的是，**普通人的正能量更能打动人心**。原因就在于：我们都是普通人，更能产生代入感。

救人的正能量小视频打动人心
（来自抖音"中国青年报"）

3.2.3 美感：人类对美不懈追求

劳动的美感
（来自抖音"中国网直播"）

我们常说："爱美之心，人皆有之。"德国古典哲学创始人康德说："美是无利害的愉悦。"这种无关利害、自由的愉悦感，和因一己之私而产生的愉悦感是截然不同的，是一种无私的欲望满足。有人仅仅是见到花开了就热泪盈眶，有人听到鸟叫心情也变得灵动，有人看到一幅画会爱不释手，有人听到一曲音乐便会沉浸其中忘却自己……当然，有人更本能地看到帅哥美女就挪不开眼——这些都是人的本性和人类文明长期发展培养出来的爱美基因。

反映到短视频中，美景、美食、美人、美物……所有无利害的美都会受到欢迎。人们在欣赏愉悦的同时，也感受到了自身素养的提升、能量的增长，潜移默化、春风化雨地从美中汲取到了力量。

当然，美的定义还要更加宽泛。一条《小伙捕鱼撒网如同天女散花》的视频，15秒的慢动作呈现小伙捕鱼撒网的过程，网友评论：将事情做到极致就是艺术。这是劳动之美，是匠心之美，更是生活之美。美所带来的崇高、自由、喜悦之感是其他事物无可比拟的。对美的追求推动着社会文明的进步，也推动着短视频行业向优质内容发展。

3.2.4 萌感：在保护中感受强大

短视频业内经常说一句话：萌娃萌宠自带流量。广告界中也有一个3B原则：beauty——美女、beast——动物、baby——婴儿，即美、兽、婴。人们认为以这三者为表现手段的广告符合人类关注自身生命的天性，最容易赢得消费者的注意和喜欢。

关于美，在上文中我们已经讨论过，是出于人们爱美的天性。而兽和婴则不同，喜欢萌娃和萌宠的人们基本出于这样三种心理：美感——娇弱美；无攻击性，人们愿意亲近没有攻击性的事物；在弱小面前感受到了自身的强大和强烈的保护欲。

人类自带保护欲，用影视剧中常说的话就是：人们总是要有需要保护的人，这是人类为自己的存在创造的基础心理。在这样的心态下，很多人不仅喜欢看萌娃萌宠，还在实际生活中伸手帮助流浪猫狗、饲养宠物，因此此类视频具有广泛的市场。

对萌娃萌宠的喜爱甚至还催生了一种文化现象：萌感。"萌感"不仅成为艺术创作的一股潮流，还改变了人们的行为习惯。从实际生活中的孩童、动物，到动漫作品中的角色设计，再到现实中少男少女们对"萌萌哒"的模仿，对童心、纯真的喜爱和追求，这些都映衬出人们内心柔软的一面，也为短视频创作提供了大量素材和创意源泉。

3.2.5　搞笑：笑是最大流量

在短视频平台上，幽默搞笑类是最主要的一支。这一点也很好理解：人们刷短视频最主要的目的是放松解压，而笑就是解压利器。

搞笑也是分层次的，一般来说有这样几类：滑稽动作、生活趣事、段子调侃、幽默应对。

滑稽动作类似马戏团小丑的作用，以故意或非故意的动作行为引人发笑。比如冬天的时候，网上有不少"冰上摔跤"的小视频，有些是抓拍到的，也有些是刻意为之，这一类就是以滑稽感取胜。

生活趣事一类是在生活中捕捉到的有趣瞬间，以尴尬、自嘲、装傻等氛围引人发笑。比如给动物配音的搞笑视频，活灵活现的感觉令人捧腹。

段子就属于有原创性的搞笑，这需要创作者进行创作或模仿，多以反转、金句取胜。各类脱口秀节目的段子含量很高，但要注意尽量不要往低智化方向发展，能体现生活智慧的段子才有生命力。

幽默是搞笑中最高层次的一类。什么是幽默？按照词典的解释是形容有趣或可笑而意味深长。在这里，"意味深长"是幽默的落脚点，也就是说，幽默不等同于浅层次的滑稽搞笑，它是人类生活智慧和乐观向上精神的体现，也最考验创作者的功力。

3.2.6　网感：契合新时代和年轻人的新语境

何为网感？从微观和宏观上可以分为这样两种：微观来看，网感是指熟悉网络语言环境，熟知热梗、热词、热点，以网民独有的交流方式在网络上流畅对话，从而形成网络群体的归属感、融入感；宏观上来讲，网感是指对网络大环境的敏锐感知，熟悉并掌握网络对话模式和流量走向，能够及时辨明并确定创作和营销方向。简而言之，网络已经形成了一套独特的语言交流方式，而网感就是掌握这种交流方式，进而把握独特的流量密码。

如果说长视频尚可凭借内容优势忽略这一点，那么短视频尤其是小视频就要牢牢把握住"网感"这个流量利器。打个比方，我们平时见了面要握手并打招呼："吃了吗？"这就是我们中国人独特的交流方式。如果硬要采用西方的贴面问候，那么就不容易融入这个集体氛围中。与此同理，如果在网络上创业却不熟悉网络语境，不知道年轻人们喜欢的语言风格和当下流行的事物，那么就很难被他们当作"自己人"，打不进这个圈子，作品自然难以获得传播。

如何才能养成具有网感的能力呢？很简单，多看、多刷、多感知、多实践。上学的时候，语文老师教导我们要多看名著、读优秀文章，以此来培养语感，这是语境熏陶的重要作用。多看、多刷，就是像普通人刷短视频一样，平时多多感受优秀作品的格调，在长期浸润熏陶中潜移默化就可以培养"网络语感"。而多实践，就是要介入到实际的网络生活中，与网友打交道，在短视频评论区进行留言互动，在各类网络场合发表言论，创作并发表自己的短视频作品，并从观众反馈中吸取意见和建议等。

3.2.7　爆点：点燃情绪是最终目的

无论是正能量还是搞笑，也无论是美景还是萌宠，在所有的类别和元素之外，一定要有一个爆点来负责点燃情绪，这样短视频才能真正具备爆款特质。

什么是流传速度最快的？答案是情绪。就像我们所知道的，"打哈欠是会传染"的；而情绪更是一种可以高速传染的介质，它可以迅速点燃公众的敏感点，让一件事情以迅雷不及掩耳之势火遍全网。在这方面既有正面的例证，也有反面的例证。正面的，如淄博烧烤的火爆，它所具备的烟火气是疫情三年来人们积累的情绪释放带来的结果，是人与人之间温暖、友爱，和在一起的情绪抚慰与相互感。在当时的情形之下，这一点一触而发、一点即燃，于是就出现了人们渴望已久的温情画面。

而反面的例证也比比皆是。网暴，是这个时代令人不寒而栗的一个新名词，它就是情绪被错误点燃的恶果。德阳的一位女医生因为一个小视频被公众误读，点燃的是人们对欺凌弱小现象的仇视和恨意，导致主人公在网暴之下出现不幸，这也是网络时代的不幸。

所以说，情绪的点燃是个典型的双刃剑，在我们要利用它之前，一定要慎之又慎，让它能够创造正向的结果，而不是给他人带来恐惧和不便。

能够点燃情绪的爆点又有哪些呢？我们来看这样一个情节设置点与相关情绪的对照表。

情节设置点	情绪
反转	意外带来的讶异感
逆袭成功	小人物的英雄梦，过程振奋人心
美到极致	视觉冲击力，视觉享受
亲情	血浓于水的爱意
友情	相伴同行、风雨同舟之感
炫技	好厉害的赞叹
救人	英雄梦、大侠梦，以及对安全感的渴望
少见	将稀奇的东西分享给他人的欲望
感人	悲悯同情、感同身受的天性
搞笑	让人发笑、舒展身心
可爱	萌感融化人心

当然，情绪的种类和引发情绪的事物还有很多，创作者们可以建立自己的素材库和灵感库，将网络上成功的、常用的情绪手法记录下来，以备平时取用。

不管是哪种爆点，点燃情绪是最终目的，而这个目的地有一个具体的名字：**共鸣**。唯有引起人的强烈共鸣，让人感同身受、不吐不快，才能让你的短视频作品快速得到点赞、评论、转发，进而打造成为爆款。

3.2.8 简单：一望而知的简洁

通过对网络上爆火的短视频进行观察，可以归纳出一个结论：在网上能够大量转发流行的短视频，**内容上简单、形式上简洁**，看起来普通得不行，但却戳中了普罗大众的内心。这一点并不难理解，因为**简单的东西更易传播和扩散**。

网民的类型千千万万，不同的年龄、不同的职业、不同的性别、不同的文化水平……所有的这一切都导致一个结果：观众们的认知水平和兴趣爱好差异巨大。

但尽管千差万别，有一些东西是共通的，比如人性。只要是人，就具有人的七情六欲，就有基本的社会道德观和价值观，就有惩恶扬善的本能。有人可能会反问：坏人也会惩恶扬善吗？只能说，有相当大一部分犯罪的人不认为自己是坏人，只是他们对善、恶的观念混淆了；还有一部分人，在生活中为"恶"，在面对艺术作品时依然有"善"，这是一种割裂的精神特质。简而言之，只要是人类所共有的特性，就能得到几乎所有人的认同，也就具备了大面积传播的基础。

那么，什么样的内容和形式是能够得到大部分人认可的呢？面对千差万别的认知水平，作品要**学会取最低点**——也就是将就认知水平较低的人群，用最简单、最容易理解的方式传达最清晰明了的内容——这就是爆款之所以成为爆款的前提条件。

而将就了层次低的受众群体，会不会劝退知识水平较高的人群？可能会有一部分人群是会拒绝的，比如当下仍有不少人对短视频是抗拒和不看的；但也请别忘记，**简单不代表庸俗，简洁不代表低智，水平再高的人也具有和其他人一样的底层情绪需求**，这就足够了。

作为一名电视行业从业者，笔者在刚入行的时候常被前辈教导：你的作品合不合格、是不是讲"人话"，首先拿回去给你不认字的奶奶看，奶奶看了也明白，说明你出徒了。这一点和时下的短视频传播道理是相通的。我们的作品面向的是普罗大众，是成千上万甚至上亿的普通人群，只有从普通入手才能更容易打动普通人的内心，只有简单的内容和简洁的形式才能让大部分人看得明白，才能容易触发情绪。

至于形式为什么要简单，还有另外一个原因，那就是我们在前文中反复提到的碎片化时代特征。人们事务繁忙、时间少、耐力差，只有在他们短暂地停歇之时才能有时间留意一个小小的视频作品。而这个作品如果过长、过于繁杂，就很难引起关注，更不用说转发传播了；而如果作品在最短的时间内，以最简单的形式触动人心，观众几乎是不经思考就能产生代入感，那么这个作品获得点赞、转发、评论的机会就会高很多。

3.3 选题要诀

人们常说：好的选题是成功的一半。什么样的选题才能实现这一半的成功呢？或者说，好的选题具有哪些特征呢？

3.3.1　与"我"相关：与普通大众有关系的才是好选题

人们会收看和转发什么样的短视频？回想我们在看到一个引起自身共鸣的短视频时所产生的心理：

"这个说得太好了，简直说出我的心声，我要转发给朋友看看，让他们更了解我！"

"太感人了！大家都来看看，我们一定要互助友爱、抱团取暖，我愿意从我做起！"

"哈哈哈……这也太搞笑了吧！我的笑点代表了我的水平。独乐乐不如众乐乐，转发一下！"

面对精彩的短视频，我们在以情绪相和的同时，应该也感受到了其中一个关键关联点，那就是：**与我有关**。这当然很好理解，作为一个普通人，我们首先关注到的就是自身利益，以及那些和我们切身相关的事情。能够引发我们的共鸣，我们才会转发并希望让更多的人看到，就犹如看到我们的心声。

因此，作为创作者在选题的时候，就要首先考虑：这个选题是否跟大多数人有关？它能够在多大范围内引发关注？

就比如这样两个选题，你认为哪一个会得到更多关注？

选题一	选题二
金牛座的你，真的是这样吗？	日常吃的这种食物竟然有毒！

我们来分析一下：第一个选题的目标人群是金牛座的人，第二个选题是关心饮食的人。以星座来划分，人群可以分为12个，那么这个选题会得到关注的比例大概是1/12；而以对饮食的关心程度来划分，那么比例就会大大上升，应该说，不关心饮食的人只是少数，大多数人都是关心饮食健康的，尤其是带有"有毒"这样的警醒字眼。因此，如果单从受众比例来说，选题二受欢迎的可能性要更大一些。说句题外话，短视频创作不仅要会内容策划、形式包装，会一点数据分析也大有裨益，这一点在分析粉丝画像和营销方面更为有用。

以上讲的是内容直接与受众相关的情况。那么，还有一种情况，内容表面上看与受众无直接关联怎么办？这个时候就要发挥创作者的能动性，通过创作者的引导，让它们与观众产生关联。

某地正在进行"红色故事"讲演活动。笔者的一位同事选择了讲述中共一大代表王尽美的故事，但讲来讲去总感觉只是在说"别人的故事"，而网上相关的材料都差不多，写不出新意来。笔者问她："为什么选择王尽美？"同事回答："因为王尽美是我们这里的人，我对他比较熟悉。"那为什么不能把这些关联点讲出来呢？同事的家离王尽美的故乡很近；同事的年龄恰巧与王尽美牺牲的年龄接近；我们所安然生活的时代，正是王尽美等革命先辈所心心念念的和平盛世。这些"与我有关"的点，让新时代的人与革命先辈产生了联系，也引领观众产生了代入感。

总之，在考虑选题的时候，首先要在脑中有一个大概的轮廓：它会与多少人相关？它是否切中了大多数人的痛点？

3.3.2 社会话题：了解大家都在关心什么

每一个历史时期都有一些受到广泛关注的话题，每一个阶段都会呈现不一样的气质特色，这些就来自于人们关心的内容。

比如，2023年12月18日，甘肃省临夏回族自治州积石山保安族东乡族撒拉族自治县发生6.2级地震。一方有难，八方支援，全国上下将关注的目光投向了积石山，人们惦记着那里的民众生活现状如何？寒冷的冬天有无保障措施？消防救援人员、救援部队、志愿者们的情况如何？有无余震或者其他次生灾害？

在每一个阶段，人们在关心什么？人们最易受什么吸引？创作者要对国家发展、社会氛围有起码的关注关心，对人情冷暖有敏锐的感知，这样才能及时抓取符合大众审美的选题。

另外，时代和社会所长期具有的明显特征同样值得关注和分析。比如，在相当长的时期内，两性、教育、收入、安全、健康、社会公平等都是人们所关心的话题。一个年轻的母亲带着孩子跑外卖，这是女性话题+收入话题；如何教育孩子的各种短视频一直备受关注，这是因为当下与教育相关的话题热度居高不下；食物相克的短视频总是被长辈们在群里转发，这是关于健康的话题……

在长期的话题之中，还有一些具象的话题非常受关注，比如青春期孩子的叛逆、见义勇为的社会新闻等。如果不知道大家在关注什么，打开各类视频平台，被推荐的一般就是当下热度最高的话题，可以从中进行了解和参考。

3.3.3　网络热点：了解人们在网上关注什么

网络热点自然与社会热点是相生相关的，但也有其独特的地方。比如在淄博烧烤的大众狂欢中，有一些人物成为人们关注的热点：脾气火暴的"服务员"小胖，在被淄博文旅局、教育局和班主任联手"约谈"之后变得温和乖顺起来，在游客眼中仿佛变了个样儿；"鸭头小哥"因帅气的外形每天受到大量游客围观，而他身上所具有的"社恐"特征更是成为人们热议和打趣的话题；卖绿豆糕的大爷成为"地图游击Boss"，游客们纷纷上演"刷地图找大爷"的通关游戏……

一个孩子、一个青年、一个大爷，他们在做什么，这样的话题放到社会现实中似乎无关紧要，但在网络上却是热度居高不下。这些具象的话题似乎与社会大局关联度不高，但却无一例外反映着当下人们的心理实况：人们需要这样抱团的温暖，需要这样的烟火气。而从整体来说，一个爆火的网络现象之中鲜有戾气、质疑，而大部分是充满温情和理解的，这不仅是网民们所关注的话题，更是值得社会学家关注和研究的现象。

因此，要想创作网络作品，自然要了解网络独特的语境氛围，对人们追逐什么、热爱什么做到心中有数。

3.3.4 突发事件：新闻资讯出圈的概率更大

当下，社会新闻、时政资讯类的小视频占据了半壁江山。那么，什么样的新闻更容易出圈呢？很明显，突发事件更容易刺激大众的神经。

新闻一词，本就指向最新发生的事件，快速、真实、客观是它的本质特征。在报纸和电视的时代，各媒体对于新闻常用到一个"抢"字，谁家抢到独家新闻、谁家更快一步进行报道，这成了衡量媒体优劣的标准之一。而在网络时代，消息的传播有了全新的变化，不论是速度还是渠道数量都呈现指数级增长，因此"快"的内涵和外延也有了全新的定义。我们需要对这些变化进行梳理和再认识，以更好地把握当下的资讯创作和传播。

首先，报道主体改变了。以前新闻的报道权基本掌握在主流媒体手中，普通老百姓如果有新闻线索，要通过告知报社、电视台等媒体机构，等待专业人员进行采访和报道。而在自媒体时代，人人都可能成为新闻的报道者，有的甚至集新闻主角、报道者于一体，形成全新的报道模式。在这种情况下，一方面是新闻数量的大大增加，发生在社会任何一个角落的风吹草动都可能引爆网络；另一方面，有些缺少公信力和专业性的自媒体报道真假难辨，容易对公众形成误导，也给创作者们增加了创作难度。因此，主打新闻资讯类的短视频号要特别注意事件真伪的辨别，要经过再三确认再进行播报，这样才能维护自身的可信性。

其次，传播方式改变了。在报纸和电视时代，人们对接收到的新闻进行二次传播主要是通过人际传播、口口相传。而在网络时代，一个移动端口就是一个小型电视台，二次、三次、四次……大大增加了传播速度和范围。在这种情况下，创作者不仅要考虑平台流量，还要考虑周边、亲属、朋友、同事等相近关系，促使他们帮助进行二次传播，以此带动网络传播量。

在新变化产生的情况下，一个突发事件在网上的报道和传播就如星火燎原。但我们也同时发现，有的新闻在某个大号已播报的情况下并未引起广泛重视，而稍晚一些却被另一账号做成了爆款，其中原因何在呢？其中很大的原因在于创作的方式不同。网络有独特的语境，网民有独特的喜好，找到这些适合网络传播的关键点，才能让作品具有爆火的实力。

3.3.5　大政方针：了解国家政策和社会发展最新动向

网络是国家和政府重点监管与发展的领域，各大平台也会配合大政方针进行推广、宣传、调整，以适应和推动社会经济正常有序发展。因此，短视频创作者和运营人员首先要清楚各类方针政策、法纪法规，在此基础上，时刻关注当下政府和社会正在推行的政策措施，配合行动，这样更能获得官方认可和流量支持。

在"张同学"爆火之前，网络上已经有很多拍摄农村题材的短视频和网红，而"张同学"是靠什么出圈的呢？网上已经有很多专业分析，包括他的运镜、剪辑、音乐、造型等，给出了不少可借鉴的经验。而在这一切的背后，是国家乡村振兴政策的推行和实施，这让平台将更多注意力投向农村，也更愿意推动真实反映"三农"的内容生产和传播。

同样是与乡村振兴有关的账号，"八零徐姥姥"和"龙腾虎跃（龙兽医）"又呈现出不同的选题特色。2023年，抖音平台推出"新农人计划2023"，投资流量资源，支持三农内容创作，这一举措正是在国家大力实施乡村振兴战略的大背景之下产生。"八零徐姥姥"将镜头对准乡村老年人，姥姥与外孙之间的互怼日常成为一大看点，而背后所展现出来的家庭关系、生活态度也与当前网友的喜好十分契合，因而赢得了广大网友的喜爱。而"龙腾虎跃（龙兽医）"则属于职业类账号，龙兽医的精湛技术、淡定性格、敬业精神以及邻里之间互帮互助的友好氛围都是吸粉的看点。这两个账号的成功离不开平台的政策支持，而平台政策的出台来源于国家战略规划，了解国家政策和社会发展动向将会帮助账号定位和选题进入大流量渠道。

3.3.6　奉献与付出：以社会服务人员为主角更容易受支持

有许多职业非常辛苦且对社会贡献很大，比如消防员、外卖员、医护人员、交警等，以他们为主角的短视频很容易引发同情、认可、支持。

下方左图是《人民日报》自媒体客户端所发的一条短视频，文案为："29日，山西太原。消防员比武考核，60米肩梯登楼一气呵成。网友：他扛的不是梯子，是生命！"这一条短视频获得了一百多万的点赞，它甚至都不是救火等壮烈场面，仅仅是一条消防员日常训练比武的片段，由此可见人们对消防员这一职业的尊重和认同。

《太帅了！消防员60米肩梯登楼行云流水，　《汽车坠河，外卖小哥和理发小哥救出3人》
一气呵成》（来自抖音"人民日报"）　　　　　　（来自抖音"美丽浙江"）

上方右图是"美丽浙江"所播发的一条短视频，文案为："汽车坠河多人被困，外卖小哥和理发小哥砸窗救人，被授予三等功、见义勇为嘉奖！"外卖小哥和理发小哥是普通人中的一员，他们工作很辛苦，收入却一般。但屡屡出现的外卖小哥等群体的救人事件，反映了他们辛劳之下火热如初、急公好义的赤子之心，而对他们授予的嘉奖更反映了整个社会对他们的认可。

疫情期间，医护人员的短视频最火；骄阳之下、风雪之中，一个交警的身影更能引发同情；缉毒警察拼死缉拿毒犯，他们的每一个脚印都值得礼赞；

贫困山村里，坚守的支教老师、大学生村官让人们看到奉献和希望……谁在奉献和付出，谁在承担和坚守，只要用心去发现，就能找到触动公众内心的好主角和好题材。

3.3.7　笑点、泪点、萌点、槽点：总有一处打动你

网上的短视频中，最受欢迎的四类就是包含有笑点、泪点、萌点、槽点的视频。

有笑点的是搞笑幽默短视频。正如前文所述，视频内容或是滑稽动作，或是生活趣事，或是段子调侃，能让人在紧张忙碌之余舒心一笑，这是短视频的初心，也是人们看短视频的主要目的之一。

有泪点的是感人肺腑的短视频，它以情感为主打，在亲情、爱情、友情、同胞情、慈悲情的氛围中，戳中观众内心柔软之处，引发观众共鸣。

有萌点的是以萌宠为主角的短视频，要么是婴幼儿，要么是宠物动物，在他/它们无攻击性的萌感中融化观众的心，引发喜爱之情。

而有槽点的则是利用差错感、话题度引发人的吐槽和批评的视频，目的是带火评论和转发，这类视频的内容有比如曝光不文明行为、不合理现象等。

四个"点"对应的是人之常情。在繁忙的社会活动之余，现代人普遍缺少释放压力的方式，而这四类短视频可以让人以笑、哭、愉悦、吐槽等方式舒压解乏，因此得到欢迎。

在选题和创作的时候，应特别注意审核是否具有这四个要素，如果能兼而有之则更为上乘。比如，以萌宠为主角的短视频中融入笑点，或者先笑后哭或者先哭后笑，以及在搞笑中融入槽点等，以各种方式将几类爆火元素融合在一起，常常可以达到翻倍的情绪效果。

3.3.8　温暖而积极：带给人向上的力量

每到年底，总会有那么几部回顾类的短视频合集，它们是这一年中所发生的社会暖新闻、正能量事件，催人泪下而又催人奋进，让人们在感慨这一年的同时积蓄新的力量。温暖而积极，是短视频不可或缺的重要特征，也是最容易被广泛转发的一类。

除了纯粹恶搞的视频，多数作品要靠向积极正能量，以正面宣传为主，在此基础上给出鼓励或建设性意见，而这也是观众们所希望看到和感受到的。不论社会发展处于何种阶段，人们不管是顺利还是遭遇挫折，都需要有正向的力量带动整个社会氛围保持积极和稳定，而且温暖积极的氛围可以给人们带来较高的幸福指数，帮助人们激发积极前进的动力，或者帮助人们克服和缓解困境带来的压力。这些原因都需要我们努力创作有力量、有温度的作品。

在短视频早期发展过程中曾出现庸俗低智的现象，一些作品为了赚取流量走低质发展路线。这些账号短期内获得了流量和人气，但长远来看终会改旗易帜，平台的规则也不会容忍这类账号的长期存在。还有一些作品价值观出现问题，极易误导公众，这些现象也将会在逐渐规范化的发展中得到纠正。总之，不要为了流量而放弃作为一个创作者的职业底线，正面向上的作品才是长久之道。

3.4 创作要点

小视频因其时间短，在创作的各个环节都呈现出简略模式。但简略不等于忽略。一个爆款的诞生有可能是偶然的，但一个好的账号要想获得长期流量、实现长久运营却不能依靠偶然，而是要靠对视频创作的规律掌握、对受众群体的熟悉和对潮流发展走向的敏锐判断。

麻雀虽小，五脏俱全。要想出爆款，继而不断推出爆款，就要对小视频的创作要点进行梳理和理解，进而灵活应用在实践创作中。在熟练掌握创作规律的基础上进行创意、创新和简约化，这就是小视频创作的核心要点。

3.4.1 策划：彰显小视频的特点

小视频最大的特点就是时间短，需要在十几秒左右乃至5秒内讲述一件事情、传达一个观点，因此，如何更简练地叙事、议论、抒情成为主要课题。要实现这一目标，可以在凸显亮点、简化逻辑、突出细节等方面下功夫。

（1）凸显亮点，摒弃过多铺排

亮点，顾名思义就是让人眼前一亮的地方，当观众看到这里会感到精神一振，留下深刻印象。亮点是任何一个视频都会强调的内容，但小视频与短视频、长视频对亮点的要求是大不相同的。

在一个7分钟左右的视频中，通常要求有2～3个亮点出现，这里的亮点类似"以点带面"的"点"，就如同喜马拉雅山脉中的珠穆朗玛峰，它高耸入云，标志着一个高度的存在，而同时其他群山也是山脉的重要组成部分。长视频中，一个亮点的出现既是为了吸引注意力，也是为了带起全篇，起到提纲挈领的作用。但只有亮点是不够的，它还需要其他各种内容的铺陈、填充，以达到叙述饱满。

在短视频中，对亮点的要求要更加强烈，如果短视频是3分钟，那么亮点也要有2个以上，以达到抓人眼球、吸引人注意力的目的。也就是说，随着时长的减短，实际上对亮点的密度要求是在增高的，这也是人们注意力下降、碎片化观看的现状使然。

而到了小视频，这一现象呈现"断崖式"变化。在小视频中，亮点不再是密度高低的问题，而强调**"亮点即全篇"**。也就是说，一个小视频整个片子就是一个或数个亮点，全程高能，全程抓人眼球，尽量不用铺排、填充。这里有时长限制的原因，而根本上还是为了应对人们稀薄的注意力和过于分散的观看习惯。

因此，小视频在策划之初就不应抱着求大、求全的目的，而是一击即中、直达核心，最短的时间内将高能亮点尽情展示。

（2）简化逻辑

出于同样的原因，由于人们注意力分散、时间不固定且碎片化，观看小视频都是插空进行、随意浏览，而且大多抱着休闲放松的目的，所以小视频的逻辑关系一定不能过于复杂，在长视频中常用的倒叙、插叙、平行蒙太奇等艺术手法尽量少用，换而采用尽量简单的关系表述，逻辑清晰，一看即懂。

什么样的逻辑最简单？其实就是采用事物原有样貌的逻辑关系。比如新闻事件，就按事件原本发生的时间顺序讲述；某个趣闻，就把事件原貌复现一遍。当然，简单不等于没有创作，而是要以清晰明了的逻辑让观众不致产生混乱，尽量少"烧脑"。

（3）现场画面感

现场画面感也就是要求营造"我在现场""身临其境"的感觉，以画面真实感取胜。

现场是新闻通常需要的元素，只有现场才能传达真实、带给观众事件发生地的切身体验。在这方面，可以采用**事件重现**、**同期声**等方式达到目的。

突出大熊猫"撸串"细节（来自抖音"直播日照"）

事件重现，即将新闻事件发生时所记录的画面剪取重点完整重现，不经过度包装的画面传达真实、客观；同期声即现场声音，在事件重现的同时采用同期声，而不加音乐、音效，以凸显事件的真实原貌。

（4）突出细节

小视频非常短，逻辑也很简单，那么直接把记录的事件搬来就可以吗？显然不是的。如上所述，简单不等于没有创作，而突出细节即是创作中很重要的一个手法。

细节，指的是相对事物全貌来说更为具体和放大的特征。在一张照片上，一个人的全身是全景，那么，对手的特写就是细节。对小视频来说，一个事件发生了，它能够引起大众注意，一定有它特别的地方，这个地方就需要放大；一个用心创作的画面里，哪一个点是有意思的、可以提炼出来作为亮点的，这个点也是需要被放大的细节。

（5）注重互动性

有时候，一条好的小视频就像一颗小型炸弹，将它丢向观众之后会引发一片热烈反映。为了达到这一目标，在小视频策划之初就应该设计它的互动环节，比如评论引导、设置槽点、埋话题点、回应网友问题等，将互动性提高，评论量、转发率也会水涨船高。

评论引导： 在评论区设置有意思的话题或者出圈的言论引导观众跟着评论。

设置槽点：槽点容易被批评，而有批评就有互动。要注意适可而止，不要影响作品本身的质量。

埋话题点：在视频中有意留下线索和话题点，让观众产生当"侦探"的兴趣，并将发现结果发表在评论区。

回应网友问题：以各种形式对网友评论中的问题进行回应，并引发二次互动。

3.4.2　创意：超出生活本身的精彩

网上热传的小视频中，有相当大一部分是来自生活本身，有的甚至是监控直接拍到的画面。这些非专业化的拍摄原本并没有经过前期构思，所以往往不能够有效地突出展现亮点，需要进行进一步处理和凸显；而有些画面虽然看起来普普通通，经过创作者的二度创作就绽放出了不寻常的光彩。这些光彩是如何来的呢？来源于创作者独一无二的创意，和对生活独树一帜的理解与解读。

（1）转换视角

"横看成岭侧成峰，远近高低各不同。"相同的一件事在不同人眼中可以呈现不一样的性质，而有些角度是多数人想不到的，这就形成了创新。创作者可以选择某一个视角，尤其是打破惯常思维来讲述，在达到新颖别致的同时，也彰显出作品不一样的品格和态度。

如网上比较火的一则视频，一个孩子突然跑到马路中央，一辆公交、一辆小汽车先后迫停。一般的解读下，这是一个惊险连连的画面，还有不少人指责小汽车没有在人行道前提前减速和礼让。但是创作者是这样解读的：孩子出其不意冲到马路中央，公交车司机紧急制动并伸手示意后方来车暂缓，小汽车紧急停车，幸好没有撞到孩子。在这里，创意的角度从善意出发，表扬了公交车司机的果断和机智，对小汽车的略显鲁莽但未造成伤害则解读为幸运。就这样，一个惊险可指责的画面，转变成了善意和幸运的结果，让视频的角度转变成了正能量。

（2）信息增量

同样一个事件，已经有不少作品在传播，那么如何在大家已知和自家落后的情况下突围而出呢？答案是信息增量。

所谓信息增量，也就是在原本事件的基础上增加更多内容，让大家了解超出事件之外的更多信息。比如一个新闻发生了，事情本身大家已经知晓，那就要思考还有什么是大家不知道的？采访事件主人公了吗？是否可以添加一点专家点评或者由创作者自己进行评论？事件的后续、前因有无可操作的空间？从时间、空间、人物关系等方面进行梳理和核对，就可以挖掘出更多内容，增加信息厚度，在不一样的赛道上领先一步。

（3）跨界融合

从一定程度上来说，小视频这个品类的出现代表了对严肃与宏大叙事的进一步消解。人们在网上观看小视频，喜欢新鲜、刺激、不一样，喜欢看到有趣的灵魂，喜欢看到沉闷生活里别样的色彩。因此，作品的创作也应该不拘一格，不要受框架约束，要敢于打破边界、善于进行融合，而创意就由此而来。

比如，宠物视频一直备受大家喜爱，但普普通通的可爱画面终会带来审美疲劳，有什么方法可以创造新意呢？于是，动物们在网上开始了"戏精模式"，创作者利用动物类人的动作创作故事情节，甚至以给动物配音的方式上演一幕幕令人啼笑皆非的场景，这种配音是对萌宠类视频的跨界和融合创作，也是突破和创新。

又比如，一般的政务类视频比较严肃和中规中矩，如果配上恶搞的画面和音乐呢？比如一条以"端午放假"为题的小视频，将主角换成一只手舞足蹈的大猩猩，再配上欢快无比的音乐，就以无厘头的方式表达了一众网友对节假日的期待之情。

（4）反转

反转手法是段子类作品常用的创作方法。所谓反转，即打破惯性思维，在常理之中创造意外和惊喜。

"万事开头难，然后中间难，最后结尾难"。这个网上热传的表情包先是以一句大家熟知的"万事开头难"开篇，让大家以为接下来肯定是要说"开了头就好干了"，结果它后面是"然后中间难，最后结尾难"。"一难到底"将原话的励志效果完全改变，使视频出现一种有心无力的效果，同时又带有一种反转的喜感，十分贴合当下的网络语境。

两个高中生在教室里打闹，女孩使了一招"葵花点穴手"，男孩略带嫌弃地说："你幼稚不幼稚啊？"到这里，大家以为男孩真的是在批评女孩的幼稚和孩子气。结果男孩话锋一转："我不能动了，快给我解开！"引起教室同学哄堂大笑的同时，也一定引起了屏幕外的你我会心一笑，感叹年轻真好。

反转是一种幽默，更是一种能力，它体现了人们不一样的思维方式，是对庸常生活的解构与重新建构，在作品中适当应用可以取得相当惊艳的效果。

3.4.3 文案：口语化、趣味性、年轻态、网感强

小视频的文案多以字幕形式体现，这就要求更加简洁、信息突出，在清晰排版的基础上实现口语化、趣味性、年轻态、网感强。

（1）口语化

口语化是与书面化相对应的一种写作手法，指的是语言尽量符合日常说话习惯，而不强调书面语言的规范、严谨、修辞等。视频是以画面作用为主的艺术品类，因此，解说和文案不能过于生僻和繁复，要能让观众一听就懂。从长视频一路走来，短视频进化到小视频，对文案的通俗化要求已经达到了某种极致，也只有极致的简洁、易懂才能实现高频率的转发和扩散。因此，小视频的文案不仅要一看就懂、一听就明白，更要符合大众的口语习惯，看过之后就能够在心里复诵一遍，以实现快速打动人心、催人转发的目的。

为了实现这一目的，文案一是尽量选择使用短句，如果一定要用长句，记得分行、断句，不要让观众一眼看不明白；二是使用情绪类词语，比如：震惊！搞笑！后面再加上要表达的内容，这些情绪也可以用表情符号来代替；三是多用直接陈述的方式，不要拐弯抹角，不要过度思考辞藻，平时怎么说就怎么写，让表达极致清晰明了。

（2）趣味性

放松休闲是人们观看小视频的目的之一，这样的小视频自然要趣味性十足；哪怕是知识技能类、信息发布类的小视频，为了吸引注意力，也要在细节上增强趣味性。

就如同幽默一样，语言的趣味性既是一种写作方式，也是一种思维方式，可以在多听、多看中慢慢积累属于自己的语言风格。

（3）年轻态

年轻一代是伴随着网络成长起来的一代，他们所熟悉的网络已经成为其第二生存空间，网络语言成了他们彼此交流的主要形式。于是，各种缩写、字母代写、热词、热梗成了他们交流的暗号，不熟悉这些，就很难用作品打动年轻一代。比如，"YYDS""金钱豹"……这些看似不着调的词汇在网络上广为流传，不长期浸淫在网络中很难体会到其中的精髓，但这却是打动年轻人的密码符号。

而潮流之所以称为潮流，是因为它呈现此起彼伏的状态，一浪将另一浪拍在沙滩上。网络热潮更是如此。一个热词热梗的兴起可能是在一夜之间，消亡也可能在一夜之间。如果不及时跟进，不了解网络语境的快速更迭，就极有可能用过期的语言创作出过期的作品，令人尴尬。

（4）网感强

网感一方面指向网络交流的语言模式，另一方面指向对网络大环境的熟悉和敏锐感知力。作为网络语言，前文已经探讨过。而作为对网络大环境的敏锐感知，则不仅需要熟知网络信息操作模式，更要了解国家大事、社会走向、政策方针以及对当前舆情的判断。

一方面，对哪些话可以说、哪些话谨慎说、哪些话不可以说，要做到心中有数；另一方面，及时跟进主流舆论，纠正不规范甚至涉嫌违法的传播内容和传播方式，保证账号行稳致远。

3.4.4 节奏：用音乐和剪辑形成的氛围营造

俗话说："先声夺人"。相对于长视频来说，短视频和小视频的音乐、节奏要更重要一些，有些甚至超过了内容。也可以说，音乐和节奏构成了内容本身。

音乐，本身就是放松身心的绝好方式。而音乐配上画面内容，再融入创作者独特的观点表达，就形成了小视频有趣、解压的风格特色。比如以音乐卡点创作的作品，在声声鼓点中配以节奏一致的画面剪辑，就形成了双重的节奏感。又比如，在动人的情节中配上煽情的音乐，再配合慢镜头，就形成了催人泪下的氛围效果。更不用说，太多的小视频是唱歌、跳舞、动作，直接是以音乐为依靠来进行的创作。因为音乐的重要性，甚至打造出了诸多"神曲"，形成洗脑的效果。

而什么视频用什么音乐，哪个片段用哪种风格音乐，这不仅是选择能力，更是对音乐的感知力，需要长期的熏陶和学习。还是老办法：多听、多看、多实践，前期可以模仿，渐渐开始创新，最后总结和形成自己的音乐使用风格。

这里要注意的是音乐的版权问题，不是所有音乐都可以随意用在自己的作品上，在各平台上创作时尽量使用平台已购买版权的音乐，以避免出现法律上的问题。

3.4.5　模板：简化流程

为了更方便新手读者学习使用，这里提供几个小视频创作的流程模板，也可看作思路模式。

（1）素材+画取亮点+细节放大/慢放/反复+渲染音乐+趣味标题=亮点强化传播

这一类适合偶然得到的视频素材，如监控、自拍或其他人转发的画面，从中发现别人没有发现的亮点，以细节放大、关键情节慢放、反复放等方式，对亮点充分表达。

（2）已有长视频+剪掉多余内容+口语化文案+音乐=短/小视频

有的账号具有成型的视频资源，比如电视台，或者专业的影视公司等，他们拥有前期已经制作或发布过的成熟作品，需要将其从长剪短，从长视频处理成为短视频、小视频。这一类的处理就是去掉过多的铺陈和内容填充，直接以亮点闪现的方式呈现，辅以文案和音乐，达到"一句话说明重点"的目的。

（3）已有视频+换音乐+文案=转换风格

有的视频中规中矩，比如电视台或官方媒体发布的政务类新闻，如果想要取得让人眼前一亮的效果，可以尝试变换音乐，再配以非正式化的文案，将原来的风格转换成风趣幽默类。而有的视频则可能相反，一些原本就属于幽默类的视频，如段子、小品等，如果换上严肃的音乐，就会出现另一种另类效果。总之，不要受惯性思维的局限，多尝试可能会出现惊喜，混搭也会出精品。

（4）原有信息＋采访＋重新剪辑＝增量资讯

有时候抢不到一手的新闻资讯，如果只是跟风进行转发的话带来的流量不会太多，也不能彰显作品的创造性。这时可以尝试连线当事人或见证人或评论类专家，对原有新闻资讯进行增量处理，这样就会得到别人没有的全新内容。

（5）冲击力＋叙述＋反转＝剧情爆款

这一方法适合剧情类短视频和小视频。首先在开头设计一个具有冲击力的亮点，先把观众的目光拉住；第二步展开叙述或演示情节；结尾前几秒进行反转设计，取得出其不意的效果。

（6）卡点＋剪辑＝音乐节奏作品

有的作品追求节奏感，可以尝试完全让音乐主导节奏的方式，根据音乐的节拍放置画面，这样就形成音乐卡点、节奏感满满的作品。

3.5 独家采访与解析二："学好姐姐"——政务类短视频如何火出圈

"最近抖音上有个大美女，会写书法，会摆pose（姿势），能做车模，能当销冠（销售冠军），能当义务宣传员。她就是山东美女说车网红'学好姐姐'。"——在2021年的时候，网友们这样介绍学好姐姐。

"学好姐姐"是谁？网友评论道：当很多美女都在嘟嘴卖萌时，学好姐姐剑走偏锋，靠帅气的动作脱颖而出。在学好姐姐的作品里，最火的估计就是那个关车门的视频了，那个动作干脆利落、一气呵成。

学好姐姐本名张越，在专职做网络达人之前曾是一名大学老师。2017年，张越敏锐地感知到了新媒体行业的巨大发展潜力，于是辞职创业，创立了直播公司（山东鸿越文化传媒有限公司），主营业务是娱乐直播，主要合作平台是熊猫直播APP。2018年，抖音APP短视频兴起，张越果断转型做起了短视频，并成立短视频公司（山东学好文化传媒有限公司）。到2023年，她的短视频号"学好姐姐"已经拥有1200多万粉丝。

如今，"学好姐姐"的短视频内容从汽车品类转向政务宣传，以宣传交通安全知识、普法常识、消防知识等正能量作品为主，回归到了她最初取名"学好姐姐"的初心，也成为政务类短视频号的杰出代表。

2023年，淄博烧烤爆火，网友们从全国各地蜂拥而至，"赴淄赶烤"，这个城市也从默默无闻一跃成为全国网友的打卡胜地。淄博的火，网络功不可没，短视频的推介功不可没。而张越作为土生土长的淄博人，对这座城市怀揣着深切的感情，也以一己之力助力烧烤出圈，与400多万淄博人民一起创造了一个现象级案例。

（以下内容根据实际采访整理而成）

笔者："学好姐姐"这个账号刚开始是宣传汽车的，为什么后来转型做政务类内容了呢？

张越：在粉丝量涨到六七百万的时候，当时"车上书法"的标签已经是"学好姐姐"的超级符号，但是最初起名"学好姐姐"的初衷就是想通过新媒体这个行业做我认为有意义的事情，即用流量传递正能量，所以我还是坚持进行了转型。

笔者：粉丝量在上涨的时候选择转型，一定遇到不少阻碍吧？是什么让你坚持了下来？

张越：一开始拍摄政务内容时是遭到很多网友非议的，搞不清我的身份、也搞不清我的目的。但是经过尝试，我感觉拍摄政务类公益视频是我最快乐的时光。虽然准备一期视频从采风到创意、到统筹准备工作、到拍摄、到剪辑、到发布需要很复杂、很艰难、很冗长的一个过程，但只要评论区中观众领会到了视频的实用价值，我觉得一切都非常值得！所以，我的感受就是：只要初衷是好的、向上的、向善的、利他的，不要在乎过程，结果一定是好的！

笔者：从您的身上我也感受到了一种理性与感性兼而有之的女性之美。您的形象是非常有特色的，有人开玩笑说是"1米7的大长腿"，一般颜值身材这么好的主播会尝试舞蹈一类的作品，"学好姐姐"又是如何确立自己独特的风格元素的？

张越：风格也不是一开始就确定好的，多尝试拍各种类型，需要沿着流量反馈好的线索去找到适合自己的。"学好姐姐"这个号现在特色鲜明，主要在这几方面进行了策划：

第一是善用反差：一般短视频中身材好的女孩展示的才艺常是跳舞，但学好姐姐却写了一手好书法；也有很多短视频中漂亮姑娘是高冷的，但学好姐姐的性格是热情、接地气的；学好姐姐是个强势的漂亮姑娘，但又有帅气、潇洒的一面，有一种野性美。

第二是擅用爆点/噱头/争议性话题：如在车上写书法、走路姿势等，这些标志性的符号特色后期也适当地保留了下来。

第三点，在公益正能量赛道上，很多人难以一直坚持。而我们与政务合作全都是不收费的，不仅不收费，还会免费帮他们运营官方政务账号，有一个官方政务账号在我们的帮助下两个月就涨了两百多万粉丝。这些坚持也成了我们最后成功的要素之一。

笔者：从您的选择可以看出，您对内容和环境的感知非常清晰准确。最开始做汽车出圈，其中一个原因就是汽车内容以男性为主，鲜少女性；如今做成政务类头部账号，也是因为这条赛道能坚持下来的人很少。

张越：是的。

笔者：我想，很多人坚持不下来，一部分原因应该是认为政务类宣传不容易发挥创意。那您源源不断的创意又是怎么来的呢？

张越：许多人一想到政务宣传就想到许多条条框框，其实是种误解。如今我们的政务宣传也是与时俱进的，只要基调正确、正能量出发点正确，多点创意其实更受欢迎。而创意的来源，其实就是生活中真实的自己的映射，所以我总说我的人设永远不会崩塌，因为张越扮演的学好姐姐就是张越本人。

笔者：在文案方面，您觉得文案对短视频重要吗？您觉得您的账号要注意哪些方面的文案？或者要注意文案的哪些部分？

张越：文案非常重要。脚本是我自己写，每一个措辞都要反复斟酌、推敲，因为一个公众人物的言行举止都是带有引导性的。而要注意的文案包括：说出去的观点是否正向，发布的文案是否切题；台词是否简明扼要，且像钩子一样吸引观众停留观看。前者决定账号是否能长青，后者决定流量。

笔者："学好姐姐"做到今天的规模，是不是有一支庞大的团队？

张越：我的团队人不少，但是仅就短视频账号来说，其实就我们两个人，除了我，只有一个摄像，她拍，我负责创意+导演+剪辑。

笔者：两个人保持这么大的创作量，这简直是不可思议的一件事。但是这对新手创作者们来说或许是个好的讯息，因为他们一开始也可能是单打独斗的。如果新手请教如何创作短视频，您有什么忠告或者建议给他们吗？

张越：每创作一条视频之前先考虑清楚立意及主题。明确主题非常重要！一条视频给观众带来的价值只有两个：一是情绪价值，二是实用价值。得一便能成功，兼得便能长青！

笔者：2023年淄博一下成了一个超级网红城市，在这个过程中，从政府到普通百姓都做出了自己的努力，我们也感受到了网络和短视频所起的重要作用。您的团队也参与其中，可以谈一下感受吗？

张越：我是从2021年就开始拍淄博烧烤了。现在网上流行的把小饼卷起来插上再重新烤这个方式，就是我拍火的。当时拍的时候，其实这边不怎么这样吃，但是我个人很喜欢，于是就拍了。后来很多网红都模仿这种吃法进行拍摄，然后就更火了。

笔者：嗯，所以大家看到的是淄博一夜爆火，但其实大家在背后的工作是很早之前就开始了对吧？

张越：是的，任何一个成功都是有一个积淀的过程，大家都朝着一个目标去发力。今年淄博烧烤被大学生带火的时候，当时只是一个小范围，然后我们又和公安部门合作，又拍了一期，就把淄博烧烤又推向了一个高潮。各大网红也跟着我们拍，网红的力量大了以后，网上一传播，一下子就爆火了。

笔者：您觉得在这个爆火现象中，起作用最大的是什么？

张越：淄博烧烤出圈这个现象，我觉得网红的功劳很大，新媒体传播的功劳很大。如果是普通人发，他是没有流量的。现在如果溯源的话，你会发现只有网红发了才有流量，才有带动力。然后大家就跟风模仿，因为很多人都有从众的心理，别人拍这个火，那么我也拍；作为顾客来说，烧烤的味道怎么样是其次的，感受那种烟火气的氛围、跟大家一起热闹一下反而更重要。

笔者：所以你觉得淄博现象可以学习吗？

张越：这个模式是可以复制的，只要批量的网红都来推介，就能迅速带火一个东西。网红是一个俗语，它原先有一个正式的叫法叫作"KOL"，翻译成中文就是"关键意见领袖"，大家会把他们当作一个风向标，跟着网红去做一些行为，所以这个模式是可以复制再现的。但这仅仅是从理论上来说，因为淄博的爆火不仅是因为网红，还有政通人和，还有几百万市民朋友共同的付出和守护，当然也有我们这些短视频创作团队在发挥作用。这是天时、地利、人和共同成就的成功，也是我们所有新媒体工作者的荣耀。

为方便各位读者更直观地学习，笔者向学好姐姐借鉴了三个脚本[1]。

《学好姐姐淄博禁毒脚本》

镜头一

学好姐姐（以下简称为学好）、两位警察提着箱子大步流星。学好："今天给大家看点能杀人于无形的东西！"

镜头二

打开箱子："这三箱东西总价超千万，这么点就是一辆豪车。但你只要沾上它，倾家荡产、家破人亡。它的名字叫毒品。"

镜头三

学好："这是毒品中的销冠，冰毒。经高温雾化后吸入人体会产生强烈的兴奋作用和幻觉。"

学好："这是大麻叶，可以制成烟的形状吸食，如果别人递给你所谓的高级烟，一定要小心了！"

学好："这些是新兴毒品，全是由各种毒品伪装成的糖衣炮弹，所以一定不要随意接受别人给你的奶茶！糖果！糕点！"

学好："这是神仙水，如果被别有用心者加入到你的饮料中，会让你意识全无、丧失记忆。娱乐场所中千万不要喝开口的饮料，中途离开回来后也不要再继续饮用！"

-过渡-

各种新型毒品种类繁多、层出不穷，（人们）一旦禁不住诱惑就会堕入毒品地狱。吸毒成瘾会导致器官衰竭、精神崩溃、行为失控进而引发暴力犯罪，可谓"毒瘾一来人似狼，卖儿卖女不认娘"。

（+素材 犯毒瘾样子、啃脸男、车祸、不认儿女等报道）

镜头四

---

[1] 脚本与最后视频作品会有所差异，全书同。

三个人一起合起箱子，学好："不要对毒品好奇，你对它产生的每一分兴趣，都将是打在缉毒警身上的子弹。"

镜头五　打码+变声

1.采访受伤缉毒警。描述毒贩的穷凶极恶和缉毒警制服他们以及受伤的经历。

学好："你怕死吗？"

警官："我怕。但一想到可能有千万的人会因为我而好好活下去，我就不怕了。"

2.采访（被上门打枪）缉毒警，讲述命悬一线经历。

学好："你当时为什么选择做一名缉毒警？"

警官："为了让更多的人活在光明里。"（为了正义，死而无憾！之类的真实情感表述……

警官："我跟我女儿说以后在大街上遇上爸爸一定要装作不认识，不要和我打招呼……"

3.采访90后恋爱告吹缉毒警，幽默讲述因对方得知自己是一名缉毒警而导致单身至今。

学好："没事！单身的不止你一个，我陪着你单身！"

警官："学好，我能不能跟我同事待遇一样，你也给我写个毛笔字！"

学好："这是你日记本吗？"

警官："对，请你写上我的愿望。"

学好写下"天下无毒"毛笔字，画面温暖。

镜头六

学好："我国缉毒警的平均寿命只有41岁，当他们决定成为一名缉毒警察时，就早已把自己的性命交给了国家和人民。他们生前不能露脸，死后墓碑无名。他们用默默付出扛起了现世安稳。他们是守护世界的'隐形英雄'！"

《学好姐姐消防情人节专题（一）》

镜头一

学好进入房间："哇，选在今天求婚啊！！"

朋友："你男朋友呢？怎么自己来的？"

学好："马上到！！！"

镜头二

消防员男友田济恺进门，脸色骤变："住手！"

镜头转向学好等人，他们在布置告白蜡烛。

田济恺一个箭步冲上来："禁止携带易燃物品进入公共场所。蜡烛阵具有较大的火灾隐患。"

田济恺面向学好："没有最基本消防安全意识的人，你不必和她做朋友！"

镜头三

接反转音效"sa"，学好在消防员男友的监督下蹲地上一个个吹蜡烛。

镜头四　两人陈述。

学好："浪漫千万种，安全第一条。"

田济恺："防火不关注，情人两行泪。"

《学好姐姐消防情人节专题（二）》

学好给田济恺夹菜，田济恺大喊："住手！"

学好不明所以："怎么？不吃菠菜啊？"

田济恺站起来"噌噌"走到隔壁桌旁，说："人员密集场所严禁燃放冷烟花！"镜头特写推到打火机正要点燃小蛋糕上的蜡烛。

学好赶紧出现："不好意思，职业病、职业病！"拉走田济恺。

当事人："你吓唬谁呢？"

镜头特写：当事人把烟花蜡烛点燃。田济恺拿灭火器把蜡烛喷灭。蛋糕被毁。

特写学好惊慌表情。

镜头三【街上】

学好数落田济恺："大过节的我不想说你，你是出来工作的还是出来约会的呀！"

田济恺："住手！"学好愣住，镜头甩到有男生在给女生放烟花。

田济恺："禁止燃放烟花爆竹，极易引发火灾！"

学好姐姐："哪都有你！（转向当事人）放这个是违法的，赶紧收了吧，收了吧！"

前引

　　策划是一个作品成功的先决条件。先在脑海中勾勒出作品的大概样貌，然后将作品的选题、内容、音乐、标题、包装特色一一勾画清晰，接下来的创作和填充就有了方向和骨架支撑。

第4章

短视频内容与形式策划

4.1 短视频 策划要点

　　凡事预则立，不预则废。任何事情，事前有准备就会增加成功的概率，没有准备就容易陷于慌张、流于仓促。短视频的"预"，就是策划。

　　短视频中的一些种类虽然具有偶发性，如一些小视频可能是偶然的街拍所得，也可能是来源于网友的自拍和转发，但这并不代表不需要策划。一来，偶发性概率较小，如果一味期待在等待和偶然中获得爆款，就无异于守株待兔；二来，即使是偶发性的小视频，也要有相关的"配套设施"才能成为爆款，配乐、文案、剪辑一样不能少，而这些制作和包装的经验同样来源于长期的策划经验。

　　大部分短视频是需要策划的，从选题立意，到内容规划，到标题的确立、音乐的添加，再到包装风格——这些环节只有经过缜密思考、大胆创设才能促成最终成品的出色。

　　当然，相较于长视频，短视频毕竟各个方面都有简化的属性。本节将短视频策划中比较重要的几个环节进行重点阐述，帮助大家理清短视频策划的思路。

4.1.1　选题与立意："有意思"的两极选题法

　　我们常说："好的选题决定成功的一半。"选题可能是拿到手的题目，也可能是想到的创作方向。如何选择题材？如何阐释题目？如何看待即将进行的采访和拍摄？如何让手中的题材产生更高的价值、更有意思的立意？对这些问题的回答就是选题的内涵和外延所在。

（1）选题要与观众有关联

　　好的选题之路首发于一个创作心理：**我的作品能为观众带来什么？**有此一问，是因为还有不少的创作者还停留在自娱自乐的阶段，他们只顾表现自己想要展现的一面，尽情抒发自己的情感，却全然不考虑这个作品能给收看的观众带来什么。

一般来说，人们收看短视频主要有这样几个目的：获取资讯、休闲娱乐、学习知识和技能、文艺欣赏、提升情感认知水平。没有人会喜欢与自己完全不相干的事物。如果你的作品对观众产生不了影响，与观众不能建立联系，那么这个作品就可能是无效作品，很难得到转发。因此，我们一开始就要想清楚：我要做的这个题目对观众的意义在哪里？能带给他们哪方面的收获？**观众的需要在哪里，我们的选题和立意就在哪里。**观众的预期收获越大，选题的可行性就越强，作品的价值也就越高。

（2）"有意思"的选题才是好选题

人们为什么喜欢看视频？如果不谈利弊，只谈特点，原因就是视频既有画面、又有声音，以具象化的方式向人们展示世间万象，不需要观众动很多脑筋就能理解，而且这种理解更加形象生动。一言以蔽之，视频要比书本更**"有意思"**。

而"有意思"也分好几种情况。有的是因为内容有趣而有意思，有的是因为构思巧妙而被观众赞一句"有意思"，还有的是因为带给观众有用的信息而有价值、有意思。总地来说，"有意思"就是让选题经得起考验，让观众一琢磨觉得尚可回味，同时对创作者产生兴趣和敬佩。

为了实现"有意思"，有这样几个"两极选题法"可以参考借鉴。

（3）两极选题法

事物都有两端：一正一负。选题中，有这样几对正负极，要么选正极，要么选负极，是一个很好记也很实用的选题心法。

两极选题法一：有趣或有用。一个选题要么有趣，能让人实现休闲娱乐的目的；要么有用，能给人带来实实在在的帮助。

有趣的选题如搞笑类、萌宠类，它们不必带有严肃沉重的使命，只需要逗人开心或者帮人解压放松，休闲娱乐就是它们的价值所在。

有用的选题，如知识技能类、情感认知类，它们具有鲜明的属性特性，可以帮助人们获取相关知识技能、提升认知水平和自身修养，这些选题可以少一些娱乐属性，有用就是它们最大的价值所在。

两极选题法也可以帮助我们排除不能用的题目。比如利用"有趣或有用"法，只要能占据其中一极就是好选题。反过来，如果一个选题既无趣又无用，那它基本就是一个可以舍弃的废选题。

两极选题法二：要么在熟悉中找陌生，要么在陌生中寻熟悉。有的创作者面对数量庞大的素材感觉无处下手，面对平常琐碎的生活找不到兴趣点，不知道哪个内容可用，不清楚哪个选题才能吸引观众注意力。如果存在这个问题，那么这个选题法将会起到帮助作用。

在熟悉中找陌生，指的就是在司空见惯的生活场景中找到大家感觉陌生的地方，给观众带来新鲜感。毕竟大家每天面对的生活和工作场景都大同小异，如果作品只是展现大家都知道和熟悉的内容，那观众们为什么还要看呢？他们看自己的生活就可以了。

但是，如果你独具慧眼，在这些熟悉和司空见惯中发现了不一样的地方，或者以不寻常的角度重新审视这些熟悉的场景，那将会给观众带来完全不一样的感受。比如，一些中小学的门口常设家长志愿服务岗，这是常见的现象；而有一位妈妈，在服务完自己家孩子的六年小学后，依然坚持在这个岗位上不离开，继续为其他孩子的上学路保驾护航，这个妈妈就是"熟悉中的陌生"，因为能像她一样做到几年如一日，甚至自家孩子毕业了还要继续服务其他孩子的行动和精神品格鲜少见到，这就是一个好选题。

还有一种情况，就是以与以往不同的视角来重新打量往常的熟悉，也会带来"熟悉中的陌生"感。比如央视的纪录片《航拍中国》。因为电视多样化的宣传，祖国的山川风貌、风土人情原本我们并不陌生，但是我们平时欣赏的视角却一般是仰视、平视而很少俯视。《航拍中国》就抓住了这一点，以直升机航拍的方式展现祖国大地，当换个视角从空中俯视，祖国大地就呈现出一片令人惊艳的不同色彩。这就是在熟悉中找陌生的最好注脚。

陌生中寻熟悉则是另一极的选择。这一次我们面对的可能不再是熟悉的生活场景，而可能是连我们自己都非常陌生的环境。这时，我们该如何选题呢？方法就是在这些陌生中找到大家熟悉的地方，用这些"熟悉"与大家建立联系。

自从火星探测器在火星上登陆，网络上就有许多短视频在转发火星上的发现。那人们对什么样的发现最感兴趣？回顾起来，一般就是火星上出现了一块有着人工痕迹的石头，或者一个像人的影子，还有像有水存在的证据……虽然这些发现无法证实，但人们依然津津乐道，这就是火星这个陌生星球上存在的人类的熟悉点，哪怕这些"熟悉"可能是虚无缥缈的推测和臆想。

两极选题法三：要么向下开掘寻找根基，要么向上升华提高立意。这个选题方法适用于题目和内容已定而需要梳理立意的情况。什么是立意？就是我们对这个题目如何阐释，就如同一个人去爬山，在山脚、山腰、山顶看到的山虽然都是同一座，风景却大不相同。

有的选题需要向下开掘，找到它扎实的根基。2012年，一部《舌尖上的中国》成为火遍全国的美食纪录片，在那个短视频还没有流行的年代里，创造了极强的话题性。而很多人不知道的是，这部纪录片原本的策划并不是现在的样子。这部纪录片原本的策划是柴、米、油、盐、酱、醋、茶七集。团队主创在开头脑风暴会的时候，发现这样的立意要做到有意思具有难度，他们曾想从燧人氏钻木取火开始讲柴，从潘冬子送盐的故事讲盐，但后来都推翻了，原因是与现实结合不密切，也就是不接地气。

经过反复探讨，作品最终将七集的立意改为食物与普通人的故事：食物的获取——《自然的馈赠》、食物的消费——《主食的故事》、食物的加工（化学）——《转化的灵感》、食物的储藏（物理）——《时间的味道》、食物的烹调——《厨房的秘密》、食物的调味——《五味的调和》、食物的健康——《我们的田野》。"美食"转化成为"食物"，而食物的故事也成为人的故事。这样的向下开掘就如同向下扎根吸取营养，让作品扎实而生命力旺盛，最终支撑起了洋洋洒洒的长篇描绘。

另一极，有的选题需要向上升华，提高它的立意。一个老人在七十二岁的时候开始学车，并乐在其中。如果把它作为一个"老有所乐"的选题也未尝不可，但是未免流于普通。它需要向上提升。向哪个方向？老人学车，一定会与驾校、家人、交通管理部门等产生一系列接触。驾校从开始的嫌弃到校长亲自送驾照，家人一直不理解，邻居意见不一，交通管理部门也要为老人定期进行特别检查。这些问题的背后反映的已不仅仅是一个"老有所乐"的问题，是老年人如何保有和实现自己权利的问题，是社会应该如何对待老年人的问题，是老年人因为身体原因而产生的人际关系、社会关系问题——从这个方向进行提升，就得到了更高视角的解读，也就提升了它的立意。

几对"两极选题法"好记也好用，每当遇到新的选题或者筹划一个选题，将这几个方法在心里过一遍，常常就会找到创造性的发现，从而让手中的素材变得不一样起来。

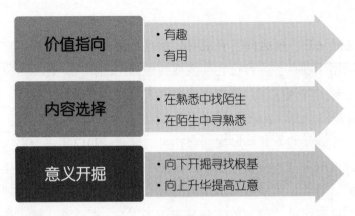

两极选题法

4.1.2　音乐：选好音乐事半功倍

作为声音的一种，音乐对视频起着重要作用，它可以阐释主题、奠定风格、创造意境、丰富画面，还可以抒发情感、烘托情绪。

在长视频中，音乐的应用并不是普遍的，也就是有的地方可以有，有的地方可以不用音乐，只在关键的、需要的地方加上音乐，起到辅助作用。在短视频中，这种情况发生了改变。作为需要短时间内吸引观众注意力、调动观众情绪的作品，音乐对短视频来说成为几乎是必须存在的部分，它的功能也超过了辅助性，而有了直接表情达意甚至带动画面内容进展等功能，它不再仅仅作为背景存在，而成了叙事表达的主体因素。因此，对于短视频来说，选择一个好的音乐至关重要，可以起到事半功倍的效果。

（1）用音乐进行叙事

许多搞笑的短视频配上搞怪欢乐的音乐可以实现效果翻倍，而一些原本看起来不好笑的视频，一旦加上合适的音乐后也会立马变了风格。这种手法可以称为音乐蒙太奇，它同样也可以应用在其他类型的短视频上。

比如为劲歌热舞配上"猪八戒背媳妇"的音乐，原本的艺术范儿一下变成了喜剧范儿，这里的音乐就起到了直接叙事的作用。一条狗和一个被压扁的饭盆，本来是一张抓拍的普通图片，但配上歌曲《OH！NO！》之后，再加上文案稍加解释，狗一下有了感情，它似乎在埋怨肇事者，并且以略带威慑的眼神等待一个公平的解决方案，这就促成了爆笑的效果。

我们的国宝——大熊猫深受世界各国的喜爱，也常常去其他国家或地区旅居，于是网友把它们在各个国家的表现剪辑在一起，并根据国家的风格配上不同的音乐：俄罗斯的是战斗音乐，韩国的是韩剧浪漫风音乐，日本的自然是动漫风的音乐……本来大熊猫们的行为没有国别，但是不同风格的音乐让它们的行为有了独特的国家属性，因而产生了戏剧效果。

（2）用音乐强调风格

每个短视频都有自己的风格，而音乐在强化风格方面可以发挥重要作用。

如：一名舞者在伦敦塔桥旁跳中国舞，配的音乐是《万疆》。这首极具燃情和中国风的乐曲，不仅渲染了唯美高超的舞蹈，也让舞者的行为有了民族意义。

（3）用音乐组织架构

有的短视频直接将音乐作为组织架构的方式，用音乐作为骨架，其他画面等内容配合音乐填充。其中，"音乐卡点"的创作模式特点最为鲜明。如：将奥运赛场上的诸多精彩瞬间与武术动作相契合，用音乐的节目间隙和重音部分进行切换，形成"卡点"的动感节奏效果。

以音乐作为架构，就要充分考虑音乐本身自带的节奏感。创作者的乐

《让这抹中国红，飞舞在伦敦塔桥》
（来自抖音"马蛟龙Long"）

《奥运里的"功夫"》（来自抖音"新华网"）

感要比较好，画面等内容配合融洽才能出现一加一大于二的效果。

（4）用音乐调动情绪

音乐对调节人的情绪具有非常显著的作用。轻松欢快的音乐可以使大脑和神经得到放松，节奏明快的音乐能够使人精神焕发，舒缓的音乐能够安神助眠，雄浑激昂的音乐能够振奋人心。

短视频的终极目的是调动观众的情绪，或喜，或悲，或感动，或振奋。而调动情绪最快、最直接的手法便是音乐。比如许多影视剪辑类短视频，本来是以剪取的零散细节拼凑而成，如果没有音乐的话很难形成情感氛围，但是一曲或悲情或燃情的风格音乐贯穿以后就很容易打动人心。又如许多生活记录场景，一位百岁老人去看望七十多岁的女儿，配上温情的音乐后非常容易让人产生感动的情绪。这就是音乐对调动情绪的重要作用。

4.1.3 标题：简洁明了一看就懂

为作品取题目是每一个文艺作品的固定环节，而不同种类的文艺作品起标题的心法却大相径庭。比如，绘画作品的标题要么清晰明了，要么隐晦不明，都要有传神的作用；音乐作品的标题经常取用歌词中的一个词语或一句话，是整首歌曲咏唱的核心所在。

单就视频来说，长视频和短视频取题目的方法也不一样。长视频因为有后面长时间和大容量的铺垫，所以标题可以不必开宗明义，可以是一个引子或是一条暗线，让人在后续的观看中慢慢领悟其中的道理。

短视频则不同，短视频的时间很短，它不能把理解的机会留给"接下来"，它需要立刻/马上把视频的意思讲明白，抓住观众稀缺的注意力和耐心。因此，短视频的标题倡导开门见山、开宗明义，争取一个标题就能涵盖所表达的主体内容，并体现整个短视频的态度和精神。

与此同时，人们观看短视频时的心态是急匆匆的，开头不好看就会马上滑向下一条，也因此把看视频称为"刷视频"。如果一个标题不够简单明了，还要让人猜，很可能就会流失大部分观众。因此，短视频的标题尽量追求一看就懂，不费脑力就能明白其中涵盖的内容。

我们来欣赏这样几则优秀的短视频标题，以理解和把握其中的心法：

"不同的人生境界，山水里都有"（来自微信视频号"意公子"）——这则视频在标题中就点明了"山水"的内容主体，也能看出来是以山水喻人生境界，内容主旨一望而知。

"不刻意维持的关系才真的舒服"（来自微信视频号"一禅小和尚"）——这个视频并没有过多的文采修饰，而是选择直白简单地表达一种观点，仅从标题就能得到观众的认同和共鸣，自然也就会引起后续观看。

"破坏力惊人！辽宁多地突发龙卷风"（来自抖音"央视新闻"）——新闻资讯类短视频的标题更加明白晓畅，将事件的主要因素都介绍了出来。

"轿车高速出事故不断冒烟，路过车主合力掰开车门救人。网友：感谢挺身而出的你们"（来自抖音"新华网"）——这则短视频的标题不仅有事件全貌，还有网友的评论，以标题实现了互动的效果。

还有的短视频没有正式的标题，但会有字眼提示或推文介绍，这些文案与标题的作用基本一样，要求也是要简洁明了、一望而知。

4.1.4　特效：探索软件强大功能

特效指的是在视频中应用的各种技术效果。在长视频时代，最基础的特效有画面特效、字幕特效、音乐特效等；随着科技的进步，又有了CG动画类的各种特效。而到了短视频时代，各个短视频平台的制作项目中大多都自带特效功能，能够实现非常多的滤镜、变形甚至"一键成片"功能。强大的特效素材库让普通的创作者能够轻松进行剪辑创作，并且实现各种常规拍摄达不到的效果，因此很受欢迎。

与音乐的境况相似，原本在长视频中，特效只是起到辅助作用，它们会对视频的某些节点进行内容突出、风格强化，以加强原本视频的表达意义。但在短视频的制作中，特效有时一跃而成为主体构成元素，有的短视频甚至就是特效的展示形式，因此特效的地位和价值已不可同日而语。

一个滤镜让人短时间内就变化数种表情，产生悲喜交加一瞬间的效果，配上喜剧音乐，就成了一则搞笑短视频。如来自抖音"扒圈圈"的作品《不要轻易尝试这个滤镜》用滤镜做的搞怪表情获赞超过45万。

为了促进用户原创，各平台推出了丰富多彩的特效素材库，平时多尝试和研究，就能让特效手法产生意想不到的效果。

4.2 短视频文案的风格确立

风格指的是艺术作品在整体上呈现的有代表性的面貌。我们常常评价某个作品"风格独特",实际就是这个作者创造了独属于自己的有代表性的表达方式。

著名小说家纳博科夫曾说:"风格和结构是一部书的精华,伟大的思想不过是空洞的废话。"纳博科夫如此重视风格的作用,是因为从某些角度来看,风格确实能够决定一个作品的价值。比如导演张艺谋的作品具有鲜明的个人特色,他在色彩的运用上热烈大胆,他的电影常常具有强烈的形式冲击感,内容表达也因之而鲜明浓烈。在绘画艺术领域,对同一个事物的不同风格描绘会产生千姿百态的效果;在语言领域,有时候一个观点的表达、一个想法的阐释也会因形式和风格的不同而呈现截然不同的形态,甚至达到完全相反的效果。

相较于内容和意义,形式和风格是一个作品首先带给人的印象和感觉。对于短视频来说,风格是否讨喜对有没有观众缘这一点非常重要。那么,如何才能实现自己想要的风格效果?又如何才能形成属于自己的风格特色呢?

4.2.1 决定风格的因素

从大的方面来说,风格的形成受主观、客观两个方面的影响;从短视频作品本身来讲,风格又受到用途、主题、情绪目标等多个因素的影响。

(1)创作者的主观因素

每个人都有自己鲜明的个性特征,有的人温婉细腻,有的人粗犷奔放,这些气质特征会相应地反映在他们的作品当中,所谓"文如其人"也就是这个意思。对此,法国作家布丰曾说:"风格即其人。"哲学家黑格尔更把风格与人格联系起来:"风格在这里一般指的是个别艺术家在表现方式和笔调曲折等方面完全表现出他的人格的一些特点。"

除了先天的气质禀赋，创作者同时也有自己独特的人生经历、学识涵养、审美倾向等，这些因素也决定了创作者本人带有自己的风格特征。在进行短视频创作时，这些特征就会像烙印一样刻画在作品中，带给观众不一样的观赏感受。

（2）客观因素

每个人都有自己不一样的生活时代、社会环境、民族特色，这些外在的因素不仅影响了创作者的成长之路，更以直接鲜明的时代特征和政治面貌反映在作品之中。

人们常说，艺术无国界，但艺术家却是有国界的。实际上，不仅艺术家的国界明显，艺术也会因国家、社会经济等因素的影响而呈现不同的样貌，这些都是对作品风格起影响作用的客观因素。

（3）作品需求因素

短视频的种类繁多，每种形式的需求不同、题材不同、内容不同也会对风格形成种种影响。比如，如果账号定位是搞笑类，那么这就是一个风格的预定模式，在创作时就要往搞笑的方向进行探讨。而如何搞笑？采用哪种形式的搞笑？这些细致的划分又会受到其他因素的影响。因此，可以说，一个作品的风格形成是方方面面共同作用的结果。

4.2.2　搞笑、热血、温馨、唯美——如何达到你想要的效果

在决定风格的各个因素中，时代和社会的客观因素无法更改，创作者本人的主观因素也很难改变。因此，能够选择和改变的就是作品的需求因素。但与此同时，不能改变的因素不代表不进行考虑。相反，如何充分利用外在的客观因素和内在主观因素，再结合作品需求进行创作，把这三个方面进行有机融合才能形成作品的独特风格。

以短视频最常用的几种风格为例：搞笑、热血、温馨、唯美，这些风格的形成需要在哪些方面下功夫？

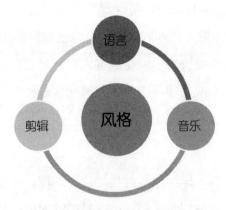

影响和形成风格的主要因素

（1）语言风格

语言所表达的内容即是作品的主体，或主播讲述，或字幕呈现，或旁白解释，不论是哪种语言形式，它的风格决定了作品的整体风格。

搞笑的语言一般会运用夸张、讽刺等喜剧手法，以非常规的表述形式形成幽默效果。如电影《鹿鼎记》中的台词："我对你的敬仰有如滔滔江水，连绵不绝，有如黄河泛滥，一发不可收拾。"比喻和夸张并用的手法产生了强烈的喜剧效果。

想要实现燃起来的热血效果，就要将语句塑造得铿锵有力、干劲十足。如电视剧《觉醒年代》里的热血台词："生逢乱世，即使命运如蝼蚁，但仍有人心向光明。""所有幸福都要付出相应代价，如果没有，那一定是有人替你承受了这代价。""君去也，还斗否？一息尚存，战斗不止！""革命者光明磊落，视死如归，只有站着死，决不下跪！"这些让人心潮澎湃的语句激荡着一个时代，描绘出革命者们视死如归的青春底色。

温馨感人的语言则常常在娓娓道来中蕴含感慨和抒情。如小说《半生缘》中的经典句子："我要你知道，这个世界上有一个人会永远等着你。无论是在什么时候，无论你在什么地方，反正你知道总会有这样一个人。"这些抒情性的语言就像发自内心深处，一语既出，直叩人的灵魂。

唯美的欣赏类语句则多半是诗化的语言。这里的诗既可以是古言诗风格，也可以是现代诗风格，不一而足。如同样是形容西湖之美，不同的作家却有不一样的风格："闻说西湖冠天下，水光山色动挥毫。（宋·欧阳修《采桑子·平生为爱西湖好》）""水光潋滟晴方好，山色空蒙雨亦奇。欲把西湖比西子，淡妆浓抹总相宜。（宋·苏轼《饮湖上初晴后雨》）""论山水的秀丽，西湖在世界上真有位置。那山光，那水色，别有一种醉人处，叫人不能不生爱。（徐志摩《丑西湖》）"

（2）剪辑节奏

剪辑可以创造节奏，这是视频剪辑的常识。不一样的节奏就形成了不一样的风格。如：长镜头代表着舒缓的感情，紧凑的短镜头则彰显着紧张急促；转场效果夸张的一般是喜剧搞笑类，叠画、渐显等手法一般见于温馨宁静类；突然的特写一般用在惊悚的时刻，远远的大景则常用来勾画山川美景。

要形成搞笑的风格，就尽量在"夸张"这个关键点上下功夫，演员表演夸张、特效夸张、转场夸张、字幕夸张、音效夸张……在剪辑中多用非常规的手法大胆进行创新，更有利于搞笑风格的形成。

热血的风格则要在剪辑中多体现干净利索的手法，镜头与镜头之间的衔接要快速紧密，可以利用慢动作等手法将燃点、爆点进行重点渲染，再配合音乐形成高潮节奏。

温馨的风格则可以较中规中矩地剪辑，注意特写和写意镜头的运用，注意镜头之间衔接处的柔化处理。

唯美的风格中，可以将美的关键点进行放大展示、慢速展示，比如展示舞者的身体和动作之美，可以把最美的部分进行慢放甚至静帧，让观众有充足的时间进行欣赏。

（3）音乐风格

红楼梦中王熙凤的出场被誉为是"未见其人，先闻其声"的佳作，可见声音具有先声夺人的独特功能。作为短视频的重要组成部分，音乐对作品风格的形成起着至关重要的作用，有时仅靠音乐就能奠定作品的格调。

搞笑的作品音乐也具有夸张的属性，不仅可以选取有喜剧色彩的乐曲，还可以通过变声、特效声音、笑声等多种方式促成搞笑氛围，让观众听觉、视觉得到双重的欢乐解压效果。

热血的场面一般就会搭配热血的音乐，或紧张或雄壮，这些音乐都能起到让人肾上腺素飙升的作用，让人听得热血澎湃、血脉偾张。

温馨的场面就要用温情的音乐，爱情音乐、赞美父母亲人的音乐、抒情的音乐等，这些舒缓的音乐如喃喃低语，让人在耳朵享受的过程中悄然生起感动的情愫。

唯美的音乐自然要搭配唯美空灵的音乐，轻音乐、女高音、钢琴曲，这些音乐的属性干净纯粹，很适合展示唯美动人的画面。

（4）个性符号

如果说语言、剪辑、音乐是在堆砌和塑造风格，那么个性符号就是鲜明的风格本身。

什么是个性符号？举个通俗的例子，一个人每天都会戴鸭舌帽出行，不论晴天雨天，不论天凉天热。人们见到他时，他总是戴着鸭舌帽。朋友们在谈论到这个人的时候，脑海里出现的第一个形象也是鸭舌帽。鸭舌帽就成了这个人的一个符号、标签。

个性符号指的是一个账号的一系列短视频所坚持、延续的某种特色标签，它可以是一个个性鲜明的人物，比如"老板与志玲"中喜感的秘书大姨；可以是一种鲜明的声画感觉，比如"张同学"配合音乐一气呵成的镜头语言；可以是一种内容的属性特色，比如"八零徐姥姥"中姥姥频频爆出的金句等。或内容、或形式、或人设，这些账号都在它们的作品里加了特殊的"材料"，让人一望而知、见之难忘。这些特色就像是账号的一面旗帜，它树立在那里，具有十分鲜明的辨识度和印象点，能够在众多的视频账号里脱颖而出。

所以，一个账号首先要思考确立什么样的个性符号。从实际操作来说，个性符号的确立有时并不能马上形成，就如前文采访学好姐姐，她的短视频个性符号就是在长期的实践中摸索出来的。这样的摸索可能是创作中的体悟，可能来自于观众的反馈，一点一点，最终形成属于自己的风格特色。

风格不仅是一个账号的外貌，更浸透在内容和灵魂之中。就如同一个人一样，选择风格、塑造风格，在创造成中形成自己，这就是成长的过程。

4.3 建立
对象感

《孙子兵法》有云：知彼知己，百战不殆。从作品形式上来说，如果说风格的形成是"己"，那么还有一个"彼"需要了解和把握，这就是你的观众，作品所要面对的对象。

观众是谁？粉丝画像是怎样的？他们喜欢什么？作品应该以什么样的口吻对观众说话？短视频作为互联互通时代的结晶产物，它拥有高度的交互性、快速的传播性能，要历经无数不同人群的审视和批评。因此，短视频绝不能自说自话、自娱自乐，一定要充分照顾到观众群体的收视心理，重视他们的反馈，这样才能让作品和账号都获得长久的生命力。

正因为如此，短视频在创作中一定要建立"对象感"，时刻谨记作品是在与人对话。既然是对话，就要考虑对面的这位"朋友"是何喜好，就要将服务姿态贯彻到底。

4.3.1 拉近与受众的距离

任何一个文艺作品都不能脱离受众而存在。试想，如果你作为观众刷到一条不知所谓的短视频，或者碰到一条短视频带着高傲自大、盛气凌人的口吻，你会有兴趣继续看下去吗？即使为了吐槽而看下去，又会对这个作品产生认同感吗？如果不能，那么这个账号该何以为继？

其他文艺门类虽也有相同的道理，但短视频与受众之间的关系要更加紧密，这主要来自短视频自身的特性。

（1）宣传特性

短视频是一种特殊的宣传产品，它不再像电视、报纸一样以大面积的单向宣传为主，而是走进了千家万户，利用网络和智能手机非常方便地走到了用户的眼前，与观众形成了一对一朋友交流一样的关系。

一方面，短视频具有与电视、报纸一样的宣传属性，它们都是通过激励、鼓舞、劝服、引导、批判等多种内容和形式，驱动人们的购买欲望，或者以情动人、寓教于乐。另一方面，短视频的"功利性"要更强一些，许多账号的建号初衷就是吸引流量、储备粉丝，以备后续的带货宣传。

在这种情况下，如果作品要摆出一副"你爱看不看"的态度，那就大错特错了。如果不能建立与受众的联系，不能迅速抓住他们的注意力，不能在宣传的过程中打动人心，那么这个作品就失去了意义。

短视频应该是用户体验最直接的一种宣传产品，它需要根据粉丝画像和目标受众群体进行具体有针对性的策划，争取让每一个观众都感觉作品在跟他/她单独交流，作品的文案、解说就像说进了观众的心坎里，或者能恰好契合观众独特的生活和工作需求。如果能实现这样的效果，那么作品就可以在海量的短视频产品中脱颖而出。

（2）交流工具

短视频不仅是一种文艺产品、宣传产品，它还是一种交流沟通的工具，两相结合，短视频就具有了创作者、传播者、接收者、反馈者等多位一体的特性。

人们通过发布短视频发表个人观点、分享资讯信息、宣传相关产品，创作者越来越趋于大众化，普通人越来越多地加入创作队伍中。而接收者作为观众对作品进行反馈沟通，促进对方提高创作水平、调整创作方向，他们同样也可以是创作者，同时具有多种身份，同时也在进行着属于自己的创作。在短视频领域，一身多能、多个角色交叉重叠成为常态。

因此，在这个传播链条中，每一环都可能是同一批人，而同一批人也可能占据所有的沟通环节，这使得短视频这种交流工具就得像人际交流一样具有频繁的高交互性，这也提醒着短视频创作者需要对观众、对交流特性更加注意。

（3）沟通的时间紧迫性

短视频是在人们时间匮乏、注意力欠缺、耐性变差的情况下应运而生的产物，它本身就面对着一个巨大的挑战，那就是需要在最短的时间内达成宣传和沟通的目的，将信息以最快的速度送达受众，天然具有时间的紧迫性。

在这种情况下，作品需要一上来就确立鲜明的表达对象，将受众群体规划清晰，创作内容有的放矢，在较好的"对象感"中完成作品内容意义的输出。

时间的紧迫性还要求作品在输出过程中全程高能，让观众在耐心还没用完的时候就完成了表达，要对观众全程具有高度的吸引力。

（4）受众的可选择性

短视频时代，受众的可选择范围非常广泛。在"刷"短视频的过程中，一发现不符合自己的期待，观众就可能迅速滑走这条作品，因为还有无穷的作品在等着他去发现。

为了迅速抓住观众的注意力和兴趣点，作品要拿出十足的诚意，以诚恳、谦和的态度和循循善诱的方式引导观众完成观看。这就如同一个魅力十足的人走进了一个群体，他/她可以选择对话的人有很多，而你如果想争取到他/她的注意，就要表现出与他/她交流的意愿，还要以良好的形象、诚恳的态度赢得他/她的全程关注。在受众可选择性非常高的情况下，让作品保持高度的"对象感"就十分重要。

4.3.2　强化互动性

短视频具有高互动性，这让它有别于其他宣传产品。而强化作品的互动性将会很好地提升"对象感"，让作品与观众建立紧密联系，让观众的反馈及时回流到作品创作中，让账号保持高度的粉丝黏性。具体操作中，可以有如下几种设置方式。

（1）评论区引导互动

时至今日，短视频平台的评论区俨然已经成为作品的重要组成部分，有时候评论的精彩程度还要盖过原作品，给作品的传播制造出巨大的热度和流量。

如果不加引导，评论区的走向也可能失去控制。为了让作品更好地实现宣传目的，也为了制造更大的热度和流量，在评论区进行引导互动就成为常用的方法。比如，在评论区设置一个有趣的问题并置顶，让观众在下面进行留言、讨论。这个方法不但可以增加人气，还可以用正确和有效的视角引导观众看待作品，避免集体"歪楼"。

第二种方式便是回复观众的留言。如果有时间的话，可以耐心回复观众在评论区的疑问，回应他们对作品的赞美、质疑、批评，以虚心友好的态度保持与观众之间的沟通交流。

评论区是作品的一块"宝地"，它不仅反映出创作者谦虚谨慎、从谏如流的豁达胸怀，更可以为作品征集意见和建议，从中归纳和总结观众们的喜好特征，改进和完善粉丝画像，从而进一步促进账号的优化发展。

（2）举办活动回应粉丝

当账号发展到一定程度，有了一定量粉丝之后，可以经常与粉丝群之间进行主题活动互动。活动包括线下活动和线上活动。线下活动如举办沙龙聚会、粉丝见面会、演讲活动、讲座分享活动、发行相关纪念品等；线上活动时，可以为粉丝特制一期视频以答谢和回应粉丝要求，可以举行线上的交流活动、分享活动，还可以举行线上见面会等。

举办主题活动的好处在于，它是为粉丝群体特别定制的活动，具有针对性和精准服务性，它可以加固粉丝与账号和创作者之间的联系，也可以更直接地从粉丝处获得关于作品改进的相关信息。

（3）有奖鼓励评论转发

这个手法是传统媒体也经常使用的互动方式，即鼓励观众对作品进行关注、评论、转发，并在评论或转发中以随机抽奖的方式确定幸运观众，后期进行公布并给予一定物质奖励。

有奖鼓励的好处有两方面，一方面可以刺激和鼓励观众进行评论、转发，增加作品的流量和热度；另一方面，也可以借此机会涨粉，增加关注量。

进行鼓励的奖品也可以进行特别定制，比如印制有视频号标识的笔记本、日历、文化衫等，价格可以不用太高，但要有辨识度和实用性，这样可以让粉丝在后续使用过程中不断强化对账号的认同和理解。

（4）作品抛出话题引导讨论

除了以上最直接的互动行为，创作者还可以在作品中设置话题，引发观众的探究和讨论。这样的讨论可以是显性的，如在作品最后抛出一个问题，请观众将心目中的答案写在评论区或私信留言；也可以是隐性的，只是将话题提出来，让观众带着疑问进行思考，从作品的深度上吸引观众。

4.3.3 服务姿态

不论是拉近与受众的距离，还是以各种方式引导互动，账号要建立良好的"对象感"，就要有一个好的服务姿态。

什么是服务姿态？如果大家观察过推销员的言行，就不难理解这个概念。为了推销出去产品，推销员在面对顾客的时候，一般是保持45°的身体前倾，在语气、神态上保持谦恭，同时认真倾听顾客的需求意见，谨慎揣摩顾客的想法。总而言之，推销员需要对顾客保持百分之百的全神贯注，将全部心思放在对方身上，这样才能迅速捕捉到顾客的喜好和需求，以提供合适的产品或定制化服务。

作为文艺作品的一种，短视频要有自己的个性和艺术魅力，向观众展现一个有趣的灵魂、一个有用的知识、一段鲜为人知的历史、一个富有吸引力的故事……但这些展示要建立在谦和的服务姿态基础上，如果只是自说自话，或者过于傲慢自大，那么就会失去观众缘，也会阻碍账号长期发展。

对于各类短视频来说，它们具体需要怎样的服务姿态呢？

（1）产品推介要抓住观众最想要的产品特性

如果短视频是作为产品推介直接出现，它的"对象感"是最强的，实际上就是推销员在网上进行推销的过程。这时，作品要紧紧抓住观众的购买心理，重点介绍观众最想要的产品特性，比如手机的拍照功能、清洁剂的强力去污功能等。有的时候，也可以从价格优势、产品销量等方面进行推销和吸引。

（2）微记录类短视频要努力引发观众同情、认可

微记录类作品是纪录片的微缩形式，它以灵活多变的形式游走在社会各界，对人生百态、生活万象进行放大和展示。这一类作品的主人公如果是底层百姓，就要试图以主人公的遭遇和境况引发观众同情，这时面对观众所抱持的是一种"相濡以沫、抱团取暖"的心理；如果作品的主人公是成功人士，就要展现他们令人信服的一面，以获得观众的认可，这时面对观众所抱持的就是一种自豪介绍的姿态。

（3）剧情类短视频要展示有别于正规影视作品的创造力

从本质上来讲，剧情类作品与影视剧是同一类，只不过创作班底更加简约，作品也是简化的模式。由于人力、物力等各方面条件的限制，剧情类短视频不能从创作规模、表演实力、后期制作包装等方面与正规影视作品角力，但却可以从创造性上进行突围，以灵活多变的新型角度吸引观众。

（4）情感认知类短视频要"拿捏"观众心理上的痛点

随着经济的发展和民众认知程度的提高，人们对人际关系、生活心理上的问题越来越有清醒认知，对自己的身心健康越来越重视。在收看情感认知类短视频的时候，这类观众最想要的就是获得专业的解答和切实可行的具体

措施。因此，情感认知类短视频要对观众的心理痛点有了解和掌握，能够一针见血地指出问题所在，能够切实可行地帮助他们。

（5）知识技能类短视频的"很快就能学会"

许多知识技能类作品常常冠以这样的标题："一分钟学会某某某""三分钟了解某某历史""一口气看完某某某"。这些标题都带有一个共同的属性，那就是强调时间的短暂，可以保证观众在最短的时间内学会或了解一个知识技能。之所以这样做，一是因为观众缺乏时间和注意力，二是因为这一类作品相较于故事剧情或搞笑作品稍显枯燥，需要以学习过程的快速性对观众进行安抚。

（6）搞笑类短视频"就是让你笑"

搞笑类作品的目的非常明显，就是要让人笑，让人在笑声中得到放松和解压。在这个目的前提下，作品中设置各类包袱、笑点、反转，以一个相声或小品演员的姿态逗观众开心，这就是作品的服务姿态。

（7）影视讲解类短视频服务的是观众想看而又没有时间的矛盾

这类作品将原本一两个小时或十几集、数十集的影视剧进行"消化式"讲解，不仅将精彩的骨干情节进行保留和展示，还帮助提炼原作的精神、分析不容易看出的线索细节等，充当观众的贴心传达者。

（8）萌宠类短视频以宠物的视角获取观众欢心

萌宠类短视频的服务姿态就在于它的宠物角度。日常生活中，宠物以各种行为与主人进行互动、讨取主人欢心；而这类短视频也以宠物的视角和姿态出现，以各种萌感、喜感获取屏幕前观众的欢心。

（9）明星娱乐类短视频的"八卦思维"

娱乐圈与八卦总是如影相随，这也为人们提供了茶余饭后的丰富谈资。这类作品就如同朋友之间分享秘密八卦，而且是独家新闻的那种，对明星和娱乐圈里的各种新鲜事儿进行分享，在分享中获得快乐。

（10）新闻资讯类短视频相当于一个小型电视新闻栏目

如果账号定位于新闻资讯，那么就相当于开设了一个电视新闻栏目，要以提供最新鲜的新闻资讯为己任，让观众通过账号就能得到最快、最可靠的新闻和信息。

对于种类繁多的短视频来说，一种服务姿态就类似于一种创作心法，创作者怀揣着各自不同的"武功秘籍"，创作出特色鲜明而又针对性强的作品。

4.4 设置爆点

有人开玩笑说，网络上的爆款现象是一种玄学，有时甚至连平台本身都搞不清楚一个短视频为什么突然就"爆"了。一个短视频的爆火可能是偶然的，但接连出现爆款就要琢磨其中有哪些规律可以遵循。

一个作品成为爆款，其中必然有一个或数个"爆点"，这个"爆点"是作品的高光点，是能够迅速引发大面积转发的根本原因所在。比如，许多"神曲"的诞生是因为有简单洗脑的旋律；不少热点的出现是因为话题与当下网友们的关注点高度契合。

任何一个事物的成功都离不开天时、地利、人和的共同作用，爆款短视频也是如此，它离不开时代大环境所提供的土壤和空间，也离不开平台的推促得力、创作的优秀出色、推广的恰逢其时。但是所有的外在因素都源于内在因素的优质，如何设置鲜明有特色的爆点就成为创作中的主要任务。

4.4.1 抓取热点话题

无论是写公众号还是做视频，"蹭热点"是赚取流量的一大秘籍。当作品与时下热点相关联，人们就会投注更多的目光，从而引发集体讨论的效果。

有些爆款看起来具有铺天盖地的效果，但具体分析起来还是有差别的。

有的话题是全民性的。2023年尾声、2024年之初，伴随着严寒天气到来的却是一座冰雪城市的火爆，这就是哈尔滨。这个冬天，翻开各个短视频平台，铺天盖地的"尔滨""冻梨""铁锅炖""小土豆"……映入眼帘，哈尔滨符号成为全国人民津津乐道的一大热点。这一现象很容易让人想起2023年夏天的淄博出圈，夏天有"淄"有味、冬天"滨"至如归，两座城市实现了跨越时间和空间的热点对话，二者同样与短视频推广形成互为因果的关系。哈尔滨旅游的爆火不仅让短视频界有了全民性的爆点，还让全国各地的文旅部门搭上了"顺风车"，短视频则成为这一波联动的有效纽带。在欢乐打趣的友好氛围里，相互之间的喊话、效仿、"竞争"让哈尔滨旅游爆火现象呈现出长尾效应，充分展现出短视频的全民传播和互动属性优势。

有的热点是有针对性的。比如青少年喜欢的一些"热梗""科目三"，许多中老年人可能就不懂或不知所谓；一些追求心灵成长的群体喜欢认知类短视频，经常提一些用语如"内在父母""内在小孩"，却可能被另一些网友认为是矫情、无病呻吟。什么作品适用什么样的热点，首先要看账号的定位和特色，其次要根据粉丝画像量身打造，不能人云亦云、随波逐流。

不同年龄层次的人群有各自关注的热点。比如，青年人群更关注就业和两性，已婚人群更关注经济、购物、婚姻，老年人更关注健康。

不同生活环境下的人也有不同的关注点。比如有一个很有意思的现象，据统计，农村的网友更关注治愈类作品，也就是能带来心灵抚慰的作品，这其中的原因就要从社会学、人类学和经济发展的角度进行剖析，到底是什么因素造成了这种局面？

了解各自账号的粉丝群体都在关注什么热点，就可以有的放矢地跟踪或创作能够制造爆款的热点话题。这里涉及平台的算法问题。一个作品在小范围内得到高度关注，平台就会将其往更大的流量池中推送，这样就可以有机会面见更大范围的观众。因此，首先满足粉丝需求的好处是可以首先引发自家粉丝的关注，从小范围继而向外扩散形成广泛传播。

同时，大家也要注意，负面的热点新闻也容易成爆款，对账号打造却益处不大，要想获得更多加成，还需要在能够带来正能量和创造性的作品上多下功夫。

4.4.2　设置情绪爆点

观众在什么样的情形下更容易对作品进行转发？可以想见，是在或感动、或气愤、或大笑不止的时候，更想转发分享给其他人。一言以蔽之，就是在观众产生了强烈情绪或得到深度共鸣的时候，作品最容易得到转发。

情绪需要有一个"点"来引爆。所谓情绪爆点，就是能够引发情绪的某个内容，主要有感动点（泪点）、笑点、燃点等。

（1）感动点

按常理来说，影视作品中一个感动点的形成需要前后多方面的铺垫。比如有一个很实用的"反复法则"，通过行为的重复，制造层层递进的情感变化，最后达到深层次的感动。如韩国电影《嫌疑人》中，孔刘饰演的父亲千辛万苦找到了受了很多苦的女儿，他眼望女儿背影，女儿则是几步一回头，从怀疑到确定，三次回眸终于确认了是自己的爸爸，这时的相认就将情绪推向了高潮。

但作为"快餐品"的短视频，许多时候并没有时间和机会来进行铺垫引申，这时就需要找到能迅速达到泪点的情感。有哪些情感是可以瞬间引爆的？那就是作为人类共同的情感：亲情、友情、爱情、守望相助之情……人们对这些情感都有经验和积累，一旦出现在眼前就很容易引发曾经的回忆，或甜蜜或伤痛，或难舍或激动……观众们将自己代入其中，情绪能够迅速升起来。比如一组关于失去母亲的短视频，短片中的人们在各种情境下触发了思念母亲的情绪开关，有的是看到母亲留下的遗物崩溃大哭；有的是因为孩子一句无心的"小动物也有妈妈"而联想到自己却没有了妈妈，悄悄地抹眼泪；还有一个幼小的女孩蹲在医院走廊里等妈妈，她却不知道妈妈已经永远地离开了人间……

除了因血缘或私人关系而产生的感情，还有一种陌生人之间的守望相助之情也会引发强烈的感动，这种感动可能不是因为相似的经验或回忆，更可能是因为对社会的某种期待和对冷漠人际关系的抗拒。如，一个三轮车倾倒，旁边的人们纷纷前来扶助；一名男子拉着一箱沉重的矿泉水艰难前行，这时一个路人在后面默默助推起来；一名交警中暑倒在路上，司机和路人们纷纷过来救助……这些画面之所以让人感动，是因为人们对这个社会有一种温暖的期待，期待正能量在社会上占据大部分，期待困境中人与人之间能保留温暖的感情。

（2）笑点

在第2章关于搞笑类短视频一节中，我们曾对笑点的形成进行了深入探讨，对各种促进笑点的原因以及"猫坐狗垫"、段子思维也进行了分析。在第3章关于小视频的爆款特质一节中，也曾对搞笑的类别进行了阐述。总而言之，笑是最大流量，笑是解压利器，能够引发观众笑声的作品就一定会有好的流量。

（3）燃点

什么是燃点？可以简单地理解为能让人心潮澎湃、激情昂扬的情绪点，它能让人肾上腺素飙升，让人想战斗、想拼搏。

什么样的内容可以促成燃点？

从题材上来说，和军人、特警等保家卫国而又英姿飒爽的人群相关的题材具有明显的燃点特征。比如阅兵的大场面、特警施展身手擒拿罪犯的场面、展现国家国力强盛的新闻等，这些题材既有家国情怀，又有铿锵有力的硬朗气质，很容易激发群体自豪感。

从内容性质上来说，展现力量、速度等能力的情节容易激发燃点。人的体能是有局限的，因此对于身体强壮的人或事物总有仰慕的情感成分，所以能在力量、速度或敏捷程度上优于常人的人或动物都容易引发燃点，比如武术表演、健身动作、猛兽捕食等都会让人产生羡慕和激动的情绪。

从情节上来说，展现普通人逆袭、具有扬眉吐气的反转情节更容易引发燃点。有不少网络小说以此为主要情节线，将草根如何逆袭写得荡气回肠。草根逆袭这一情节隐藏在许多人的心中，在他们平凡甚至不如意的人生中，也曾悄悄梦想有一天能够扬眉吐气、行侠仗义、打个漂亮的翻身仗。于是，在代入人物之后，作品最后的成功反转就成为燃点所在。

4.4.3　设置深度共鸣点

从原理上分析，设置情绪爆点和深度共鸣点实际上是同一种类型，它们都是以引起观众共鸣为手法，或引发情绪，或达成共识，进而推动观众对作品进行转、赞、评。

与明显的情绪特征有所区别，在深度共鸣点的设置上，作品更倾向于心灵深处的认同和感怀，可能并不会有激烈的情绪波动，但却在思想层面达成了某种默契和认可。

（1）通过发表意见引发共鸣

有人说，网络是意见的自由市场。世界上每天都会发生各种大大小小的新闻事件，有些会在网络上迅速掀起舆论风暴，各方意见领袖纷纷下场表达观点。这时候，如果意见发表得当、说出了多数人想说的话，那么就会引发群体共鸣。当然，如果发表不得当，也可能引发群嘲。

比如，在当下的教育体制下，家长对学校班级管理和学生学习介入过深，有的家长就因"退群事件"而引发大范围的学生家长共鸣。类似这种共鸣是对某一现状的集体反馈，如果渠道合理、反馈得当，可以成为推动社会改革进步的途径。

（2）通过吐槽引发共鸣

有些言论吐槽的性质多于发表意见的性质，它会因对社会不正常现象的抨击而得到广大网友的共鸣。比如贵州"村超"举办得如火如荼，但却有传言称这一民间体育运动将被叫停。针对这一事件，有的主播慷慨陈词，开启"嘴替"吐槽模式，不仅表达了观点，还多角度进行了讽刺。

吐槽是发表意见的一种途径，但要注意吐槽也要有理有据有节，不能为了一时意气或发泄情绪而乱吐槽，否则稍有不慎就会让账号陷入麻烦之中。

（3）通过认知一致达成共鸣

最深度的共鸣莫过于思想上的统一、灵魂里的默契。为了达到这一共鸣点，需要在作品中深埋认知共通点，在深层次或高角度找到心灵知音。

在短视频的各个类型中，情感认知类短视频在引发思想共鸣方面最有优势，它或从专家的角度将最先进的心理学知识应用到实际中，或以人生导师的视角对纷繁芜杂的人际难题给出破解答案，又或者以过来人的身份分享际遇感慨、人生感悟，让人在感同身受的同时达成意识共鸣。

比如视频号"一禅小和尚"的一期作品常常只有寥寥几句话，看起来也不算复杂，但却能引起许多人的共鸣、得到大量的转发，原因就在于这些切身感受的话语击中了网友们曾经的经历，让他们在感同身受之余产生认可。

还有的剧情类短视频常常以简单的情节、创新的形式反映社会热点或情感问题，它们或许也没有强烈的情绪爆点，但却以主题思想和表达方式得到观众认同。

4.4.4　设计突出亮点

亮点就是一个作品的高光点，是最容易让观众留下深刻印象的地方，当然也就最容易成为一个作品的爆点。

如何设计才能突出亮点？

（1）内容让人难忘

在电视节目制作中，一期节目要求每隔几分钟就有一个亮点出现。这个亮点可能是一个故事、一个特点鲜明的人物、一个重要的物件等，它们的出现让内容叙事"平地起波澜"，让原本平平无奇的节目变得奇峰突起、曲折动人。

这样的创作手法同样可以运用到短视频中。一期短视频虽然只有三五分钟，但基于当代观众注意力的缺乏，同样需要不时地以亮点刺激感官，让他们保持耐心看下去。而这些亮点之所以"亮"，是因为它们具有与众不同的内容特点，也因此更有机会成为爆点。

审核一个视频有无亮点，只需要自己充当一下观众，手动记录一下出现了多少个难忘点、刺激点，再评估一下这些亮点是否可以吸引观众的视线，让他们一直保持注意力，是否能够达到让人一见倾心、一见难忘的目的。

（2）细节突出有料

有的短视频非常短，如一个小视频可能只有十几秒的时长。在这样的作品中，用语言讲一个故事或者阐述一个人物事件可能时间不够，这时就可以考虑如何在细节上下功夫，让细节变得突出、有料、张力十足。

一位大爷在街边卖橙子，支起的标语招牌写着"甜过初恋"。但事实明显不是这样，大爷自己尝了一个，结果酸成了"表情包"。这个趣闻的亮点由两个细节组成：一个是大爷被酸到的表情，一个是就在他身旁的招牌"甜过初恋"。这两个细节相呼应，形成了喜感十足的戏剧张力。

（3）形式新颖有趣

除了在内容上设置亮点，还可以考虑从形式上进行创新，让形式本身成为一个吸引人的亮点。这样做的好处是不仅让作品新颖有趣，更可以形成自身账号的特色，成为可以长期吸引粉丝和流量推广的固定标签。

比如抖音号"李蠕蠕"就是凭借主播本人出色的模仿能力再现生活中的一个个经典场景，让"爆笑逼真的模仿"成为形式亮点，也成为账号最具有辨识度的标识。

（4）字幕画龙点睛

有的短视频单从画面上看主题并不清晰，或者能看出内容主旨却不容易迅速引起共鸣，这时就可以从标题、推文等字幕细节上体现创造力。

在一条社会新闻中，一条两车道的乡间公路上，一名中年妇女骑三轮车因速度不够快，导致后面堵了长长的一路车辆。字幕上方的标题很醒目，而一句网友的妙评将一个简单的现象变得有意味起来："大姨的车速决定了地方的经济增速"。这句评论理解起来可深可浅，表面上看是在调侃一个趣闻，一路车的速度全部降慢；但往深处一想，事实本质确如这句评论所说，一个地方的经济增速与道路交通息息相关，这句话就成了画龙点睛之笔。

以字幕进行亮点设置所运用的是文字的抽象概括能力，它配合网友们共同熟悉的语境，能将简单画面所表达不出来的精髓内容即时呈现出来，达到让人"会心一笑"的效果。

4.4.5　巧用神曲特性

音乐是从听觉上影响人，它的艺术形式有别于语言和画面，有时仅仅是旋律好就能达到很高的传唱度，这是音乐的魅力。所以，在短视频中也可以巧妙地利用音乐特点，打造具有"神曲"性质的爆款现象。

比如，在纷繁芜杂的现实生活中，一些简单上口的曲目反而更受欢迎，人们将它们称为"洗脑神曲"。如2023年在网络上流行的《在小小的花园里面挖呀挖呀挖》原本只是一首儿歌，但因为其朗朗上口的歌词和"洗脑"的旋律让人欲罢不能。

"在小小的花园里面，挖呀挖呀挖

种小小的种子，开小小的花；

在大大的花园里面，挖呀挖呀挖

种大大的种子，开大大的花；

在特别大的花园里面，挖呀挖呀挖

种特别大的种子，开特别大的花……"（来自抖音"毛葱小姐（桃子老师）"）

如果仔细分析它的歌词，会发现它只是用一种旋律、一类歌词进行反复咏唱，是典型的儿歌，但为什么让成年网友如此"上头"？甚至还纷纷按照歌词的"队形"进行评论："在深深的矿井里面挖呀挖呀挖，挖多多的煤炭，点亮千万家。"

人们跟风评论的是自己的生活，运用的却是一首儿歌的模板，这既反映了简单上口的歌曲更容易受到欢迎和推广，也反映了人们内心深处的童心未泯、幽默乐观。这和一度流行的《小鸡恰恰舞》《我是云南的》等"神曲"具有异曲同工之妙。

有的短视频则是对经典曲目进行改编，利用原曲目的旋律进行重新填词，装进自己设计的剧情，这样就可以借助原曲目的国民度创造新的热度。

需要注意的是，这种形式的运用要厘清音乐的版权问题，对原作也要保持起码的尊重，对知识和艺术保持起码的敬畏，不能因为搬运或随意改编而引起法律问题。

4.5 如何把长视频转化为短视频、小视频

时代的浪潮推动着社会审美不断进化，也让流行的视频时长逐渐由长变短。

在人们主要通过电视收看节目的时代，一期专题类节目的时长一般在15分钟以上，大型专题会更长。这些节目内容丰富，背景调研也很充分，如果有一个观点出现，会找两三方的人物来进行采访、证实。在这种创作习惯下，长视频通常都会资料翔实、论证充分，既有"面"上的概括，又有"点"上的细致刻画。

到了短视频盛行的时代，许多制作环节进行了压缩，视频内容也相应进行了精简。采访不再长篇大论，论证也不会多方齐备，事件不再追求复杂，

而转换成对一个焦点问题的集中刻画。再到小视频，这一过程再次加倍重现。小视频的内容已经几乎没有背景展示，开篇即全篇，亮点即全部。

从长视频到短视频再到小视频，这一变化过程的实现不过短短十数年的时间。在短视频和小视频成为潮流的今天，反观长视频，会发现它有自己独特的魅力，有短视频和小视频无法企及的深度与厚度，更可以成为短视频、小视频创作的资料库和创意来源。

一方面，在电视行业发达的几十年里，电视台、影视公司等专业机构积累了大量丰富的电视节目、视频素材，它们或许已经躺在媒资库里乏人问津，但是只要用心进行开发和改编，就能够从这座宝库中挖掘出更多精品。

另一方面，各个电视台等专业机构也在不断尝试突围，在创作更多精良作品的同时，用短视频和小视频这种能够快速出圈的方式进行传播，与电视节目、长视频形成资源矩阵，以合力的方式取得共赢。

在种种情形下，将长视频转化为短视频，甚至将短视频再转化为小视频，这就成了一个创作话题。由长变短，不仅是时长发生了变化，内里的创作规律也相应发生了改变。如何操作才能将长视频有效转化为短视频和小视频？它们怎么合作才能取得宣传共赢？

4.5.1 长视频的特征

一个长视频的内容组成较为复杂，主要原因在于长视频追求信息的完整性、丰富性。

以常见的几种电视节目为例。

电视新闻由标题、导语、主体、背景、结语组成。除了标题和导语，正文会将事件的起因、经过、结果进行详细阐述，对背景进行深度追踪。如果要采用一个观点，还会找两三个不同的人物来进行佐证。

电视专题节目是对一个话题的集中论述，它会在时代信息、地理环境、风土人情等多方面进行调查和展示，以对主体内容形成支撑和烘托。如果有采访，采访的时间可能会比较长，需要被采访人完整地表达某个信息，也会对被采访人本身进行一定刻画。

纪录片的时间则会相对更长，因为纪录片需要花费时间记录事件发生的经过、人物动作的始末等，展示时间流经的痕迹是它的重要使命之一。纪录片还会在作品中有意留白，许多看起来空白的地方，其实是留给观众进行沉淀和思考的空间。

电视采访是对人物的访谈，它虽然也是以人物言论为主体，与当下的主播类视频有相似之处，但电视采访的基调是往下沉的，强调主持人与嘉宾或心平气和或活泼生动地你来我往，在长篇对谈中交代各类信息。

综艺节目或真人秀，就如同我们在电视上看到的，它们会将组织活动的过程基本完整地呈现出来，形成一种生活流的状态，它所采取的也是在过程中进行展示的创作手法。

电影、电视剧则更不用说，它们都需要用细腻的情节推动剧情发展，用丰富的细节刻画人物形象，这些庞杂的信息让一部影视剧犹如一个大型展览，天南海北的内容都能装进去。

从这些常见节目的类型可以看出，长视频一般讲究内容丰富厚实，要有科学翔实的背景介绍，要有生动有个性的人物形象，要有事件发生、发展、结束的前因后果，还要有各方进行讨论的前后采访以进行佐证。这些特点使得长视频体量大、分量重，虽然精品迭出，但却难以在当下的网络环境中快速传播。

4.5.2　短视频和小视频有别于长视频的特点

有别于长视频，短视频和小视频体量轻、分量轻，简洁易懂、时间很短，极易在网络中快速传播。具体说来，短视频和小视频有这样几个区别于长视频的显著特点。

（1）时长较短

短视频只有三五分钟，长的十几分钟已是极限。而小视频则更短，短的可以在5秒钟以内。时间短是它们最主要的特征，也是它们容易在网络进行广泛转发传播的重要原因。

（2）只有关键信息，没有冗余介绍

因为时间有限，不能长篇大论，短视频和小视频纷纷舍弃详细论述，只将关键信息进行重点展示，有的小视频甚至通篇就是一个表述点，在传播中非常粗暴，但也非常有效。

（3）亮点突出，高光展示

不同于长视频中对于亮点的层层铺垫、分析，短视频和小视频中的亮点就是全部，非必要不铺排。它们会在如何让亮点更"亮"这一方面下功夫，用字幕、特效、夸张的形式等进行突出显示，让全篇都处于高光阶段。尤其是小视频最为明显，它在十几秒的时间内常常就是一句话、一个场景、一个趣闻，可以称得上亮点即全篇。

（4）特效手法多

长视频为了保持客观中正，画面处理中规中矩，只给出必要信息，不会让画面显得五花八门。但短视频和小视频则不然。为了在极短的时间内快速吸引观众，也为了让观众能够在最短的时间内迅速抓住信息内核，它们会在标题、字幕、推文等方面下力气进行处理，让内容更加醒目易懂，并且会以多种特效手法加大视觉吸引力。

4.5.3　将长视频剪"短"需要三步走

不论是沉寂已久的媒资，还是需要在网络上以小视频形式宣传电视节目，长视频在变成短视频和小视频的时候都要注意其中的变化规律。具体操作起来，重点注意以下几点。

（1）提炼骨干爆点

一个长视频虽然有林林总总的复杂信息，但是关键点却常常只有那么几处。剪"短"的第一步，就是将长视频吃透摸清，将这些关键信息找出来、拎到眼前。

寻找一个长篇中的关键不能仅仅靠感受，要将总结、归纳、分析等方法一起运用到筛选中。"**关键词法**"是快捷而又科学的常用办法，在审阅长视频的时候，用一张纸随手记下印象深刻的点，并将它们与骨干结构结合在一起，就能得出一个长篇里的关键信息。

但不是所有的关键点都适合在网络上进行传播，也不是所有的重点都能成为"爆"点。所以，面对提炼出来的一个个关键词，接下来就要判断哪些点可以用来制作短视频和小视频。

具体来说，适合制成短视频和小视频的信息具有以下特点。

网感强。符合当下网络环境需求，与网友们的审美趣味相一致，与时下的热门话题、流行趋势相一致。

戏剧性强。从一个长视频中剪出来的情节或细节要有较强的矛盾冲突性，将戏剧性演绎得淋漓尽致。如果从一个长达十几分钟甚至一两个小时的长视频中剪出的精华还是过于平淡，那么这个关键信息就缺少转换成短视频、小视频的基础。

可塑性强。一条严肃的新闻可以剪出一个搞笑的细节，一个长达半小时的访谈节目可以抠出一两句有意思的对话——能找出这些，就代表长视频中的素材具有可改造性，有强于原来本体的网络宣传特征。

简短清晰。如果一两句话交代不清楚，那么这个关键信息也不适合制成短视频。短视频和小视频要求内容清晰简洁，极富冲击力，如果一个信息依然需要长篇大论才解释清楚，那么就不如舍弃。

短视频和小视频在某种意义上就是**对"面"的舍弃，对"点"的突出。**因此，在转化的时候就要努力将长视频中的种种复杂关系进行具体化、点状化，让这些一个个"点"获得高光展示的机会。

（2）刻画突出亮点

在选定了转化点之后，接下来的一步就是想办法将这个关键点进行改造，让它成为符合网络传播的样子。接下来，通过一个新闻实例辨析对比二者前后的变化。

来自"央视新闻"的报道：

"导线架设、高压线抢修 辽宁铁岭龙卷风灾后救援工作持续推进

6月1日14：20左右，辽宁铁岭开原金沟子镇田家村出现龙卷风，龙卷风由西南向东北方向移动，大约持续15分钟，主要影响铁岭市开原市金沟子镇田家村。根据最新数据统计，龙卷风造成当地156座房屋受损、约4000亩农田受损，13人受伤，受伤人员均已第一时间送到医院救治。

灾害发生之后，当地积极组织多方力量展开救援。开原市'6·1金沟子龙卷风'灾害指挥部各工作组按照任务分工，齐心协力，开展废墟清理、电力抢修、房屋修建等灾后重建工作。市公安、交警、应急救援等部门歇人不

歇车，持续坚守岗位，随时协调车辆疏导交通，保障救灾车辆顺利通行、确保救援工作稳步推进。电力抢修工作，现已取得初步成果，导线架设、高压线抢修等工作基本完成，正在安装防撞警示标识和接户线表箱，部分村民家已经恢复水电供应。

在受影响区域内，各方救援力量、志愿者团队和村民们共同努力，打扫灾后残垣废物、堆砌院墙，积极开展生产自救。"（来自"央视新闻"2023年6月5日报道）

在这条关于辽宁龙卷风的新闻中，首先对龙卷风的相关数据信息进行了通报，包括龙卷风的移动方向、持续时间、受灾情况等，紧接着重点讲述了灾后救援情况，全篇400余字，新闻的要素结构涵盖齐备。

再看一下小视频是如何报道的：

"6月1日，辽宁开原市金沟子镇，龙卷风致附近村庄房屋受损。当地消防、公安等部门已赶赴现场，目前70多户受灾人员正转移，多趟高铁因龙卷风停驶。当天下午，阜新市、法库县也出现龙卷风。愿平安。"（来自抖音"人民日报"）

短视频平台上的新闻只有90多个字，它将人们关心的关键点摘出：村庄房屋受损，消防、公安正在救援，70多户受灾人员转移。这几处关键点都仅有概括性信息，没有上文新闻报道那样翔实的数据，但却配上了非常有现场感的龙卷风画面。在狂啸的龙卷风现场中，网友身临其境迅速了解了事件发生的概况，对当地灾民也感同身受。这就是对亮点的突出。

当然，小视频这样的简化和提炼也是因为有强大的互联网和全媒体环境背书，如果想要深入了解，网友可以借助网络搜索工具或看电视新闻，这样就实现了电视和互联网、平面媒体和视频媒体联动报道的立体化效果，是融媒体的一个成功表现。

值得注意的是，这条网络小视频虽然很短，但它甚至还有比完整新闻更多的信息：多趟高铁停驶、其他地方也出现了龙卷风。这两个信息点很可能在完整新闻报道时还没有发生，或者来不及添加，但在小视频中却很容易进行补充，充分体现了网络新闻的机动灵活性，让新闻真正实现了快速到达的功能。

这条小视频的最后还有一句"愿平安"，这在常规的新闻报道中也是不常见的，它体现了短视频所具有的人设特征，更加亲民和接地气。

（3）舍弃冗余信息

有得就必有舍。在上述提炼关键点的过程中，短视频舍弃了许多信息，这些信息在常规的报道中可能是必要的，但在网络化的传播中却是可以舍弃的。

有过长视频创作经验的读者可能都有这样的记忆：在辛苦写完一篇稿件以后，明明字数超过限制，却感觉字字如珠如玉、句句事关全局，不舍得删减，也不愿意承认有些部分完全可以不要。当过去几天再回过来看，就会发现这里可以删、那里可以缩，其实啰嗦和无用的地方有很多。

在短视频化的过程中，可以进行删减压缩的内容包括以下几方面。

过于翔实的数据。新闻报道出于对事实的尊重，对相关数据力求客观翔实，方便观众更科学地掌握新闻事件。但短视频以事实点的推介为主，除了核心信息，其他数据可选择性删减。

大量的背景介绍。在新闻、专题类节目中，一般会对新闻背景、事件背景进行详细追溯，如果是人物专题，还会对人物的成长历史等进行回顾。这样做的好处是可以帮助观众更清楚明白事件原委，也对人物形象有正确客观的认识。但在短视频尤其是小视频中，大量的背景介绍就成了冗余信息。网友们最关心的不是"过去"，也不是"别处"，而是"此时此地"。

过于传统的叙事过程。一般的叙事包括发生、发展、结束、影响等多个环节，行文之中要把这些环节都介绍完整。但在小视频中大可不必如此。网络上的观看习惯异于电视和平面媒体，网友们有时只会在匆匆之中对画面上跳跃出来的醒目字幕进行浏览。因此，过于正统的完整叙事反而会耽误"急性子"观众的阅读，而简要的、关键词性质的、略带调侃和情绪化的标题、语句更容易胜出。

形容词、描述性词语。短视频讲究干货至上，让观众一下就能看到事实本质，因此许多形容性的词语、句子，和一些大家都知道的常识性信息可以适当省略。比如上文的新闻报道中现了这样一些词："按照任务分工""齐心协力""持续坚守""随时""确保稳步推进""现已取得初步成果"。这些词语是对救灾工作的描述，在新闻中可以体现具体的现场情况，但在小视频中就显得累赘多余。对于需要在最短时间内完成信息传达的小视频来说，工作要分工、要齐心协力、要持续坚守这些都是不言而喻的；而确保稳步推进、取得初步结果也是自不必说的。网友们能够通过脑补或惯例就知道的信息，也就不必硬塞在简短的小视频中。

过于细致的细节。 短视频和小视频的主要任务是展示细节，但并不是所有的细节都需要展示。在上文的新闻中，"安装防撞警示标识""接户线表箱""打扫灾后残垣废物""堆砌院墙"这些细节对于龙卷风这样一个突发事件来说就过于细致了。人们在突发的灾难面前，更关心的是受灾情况、援救了多少人、现状如何等这样一些概括性的"大事"描述，以及群众感兴趣的细节，而其他过于详细的细节会影响观众对核心信息的掌握。

通过上述三步走，提炼骨干爆点、刻画突出亮点、舍弃冗余信息，一条长视频也就灵活地缩减成了一个短视频或小视频。当然，有时这种缩短过程并不需要如此麻烦，它只需要将重点核心片段单独拎出来，稍加修饰就能成为一条爆款小视频。因此，这个转化的过程真正考验的是创作者提炼和抓取新闻点的能力，要洞悉网友内心需求，知道他们需要什么样的资讯，也了解他们喜欢以怎样的方式进行观看和接收。可以说，长视频转化为短视频，也是一场"知己知彼，百战不殆"的战役。

前引

　　任何创作都有规律可循，而规律可以帮助我们更好地理解世界，进而把握正在做的事业。提升写作能力并非一日之功，但一些行业规律和来自前人的经验总结或许可以帮助我们更快找到正确的路。

第 5 章

短视频文案写作技巧

5.1 如何让文案饱满充实

在写作中，内容丰富充实是一项基本要求。但遗憾的是有些人在学习阶段没有打好基本功，写出来的文章显得单薄贫乏、平淡枯燥、空洞无力。在这样的情况下，有时明明有很好的创意，却无法精彩恰当地展现出来；有时想讲一个事情，要么越写字数越多，要么不知从何下手；有时想表达一个思想，绕来绕去总也写不到重点……

在短视频作品的内容充实方面，文案承担了重要功能。一个出色的文案既要言之有物，又要逻辑清晰，读来或听来有春风化雨之感。本节将从文案写作中常犯的几处错误讲起，分析一个合格的文案需要达到的目标，并给出具体的改进措施和实施方案。

5.1.1 为何文案单薄无力？

学生的作文经常存在一个问题，许多学生的作文看似洋洋洒洒，读起来却虚弱无力、单薄空泛，于是很难拿到高分。视频文案也存在这样的问题，写作的时候，不知道如何提炼重点，不懂得怎样去丰富饱满地表达，就会使文章混乱而苍白。这种情况有以下几方面需要改进。

（1）素材不足，空洞无物

有的文案看起来字数满满，但读来十分干瘪空洞，显得既没文采也没内涵。要想写出丰富充实的文案，就要有相应的素材积累，不能空发议论、尴尬抒情。素材的积累可以从这样几个方面进行：

围绕主题，搜集信息。围绕即将开展的主题，在各个相关领域进行材料搜集，是让内容丰富起来的第一步，也是最重要的一步。

准备具体事例和人物案例。一个短视频文案要么叙事，要么讲理，要么抒情。在这些叙事、议论、说理、抒情的过程中，要有具体翔实的事例或人物案例做支撑，否则作品就是无根之木、空中楼阁。

积累名词佳句。古今中外的文化素材博大精深、涵养丰富，毫不客气地说，如今多数现实生活中的问题都可以从典籍和先贤的事迹言论中汲取经验。遇到想要表达的时刻，能够借助名词佳句进行画龙点睛是一个非常好的办法。

通晓各学科主要概念、方法。太阳从云层之中透射出一道道光束，景色壮观奇丽。而如果知道"丁达尔效应"，就能够从科学和知识层面对这一现象进行阐释。以此为例，有很多问题涉及各学科、各知识门类，平时积累一些相关的概念和方法将会让文案表述科学得当、内容充实。

（2）主次不分，缺少重心

有的文案写了多个方面的内容，但是根据篇幅常常判断不出来哪个是重点；有的文案会在一些无关紧要的地方反复缠绵，有些需要重点表达的内容反而无话可说。

要解决这个问题，可以在写作之前先把重点圈好列清，放在显眼的地方，以提醒自己重要的内容重写，不重要的内容简写。

有人可能会说：我就是按照正常的逻辑来写的呀，要保持正常的逻辑这个地方就不能简写。但是实际上，这个"逻辑"很可能只是自以为是的逻辑，真正的逻辑清晰不会在次要问题上纠缠不休。建议不妨大胆一些，该删减的果断删减，删完之后你会发现逻辑问题很好解决。

（3）陈旧贫乏，平淡枯燥

如果文案中用的语句看起来都不新鲜，像是在哪里听过一样，这样的文案就显得陈旧贫乏、缺少新意。

写作本质上也是一种创造性活动，在学习和积累了大量素材资料之后，能够在模仿的基础上创造出属于自己的语句，这就是写作的魅力。别人用过的词句可以用，但不要照搬照抄，要创新性地灵活运用。更重要的是，要能够根据自己的心意写出自己想表达的话，这样才是真正的写作。

（4）缺少见解，人云亦云

有的短视频看似蹭到了热点，看起来和大家保持了意见一致，但实际却因为缺少自己的想法而显得没有主见、人云亦云。

在账号的流量积累阶段，有可能会采用搬运等方法吸引粉丝。但这并不是长久发展之计。如果不能提出自己的主张、不能让人设有独立个性，就不能长久地稳定住粉丝群。要知道，见解和主张不仅是人设的魅力，更是思想和内涵的表现。有道是："好看的皮囊千篇一律，有趣的灵魂万里挑一。"如果没有见解和主张，又如何打造有趣的、吸引人的内容呢？

（5）假大空，不接地气

有些文案为了显得"高大上"，吸收了一些"假大空"的写法，既不接地气，又让内容实质被掩盖在各种废话文学中难以清晰。要明白，短视频面向的是需要快速得到信息的一个收视群体，实用为主、娱乐至上，各类"假大空"、唱高调的话语只会让人觉得厌烦无趣。

要想避免这个问题，写文案的时候可以想象对面坐的是自己的好友，如果跟好友聊天，你会用什么样的语气和词句呢？

（6）表达啰嗦，不够凝练

写文章啰嗦是一些人的通病。为什么会出现这样的问题？一是总想事必详尽，就怕写不清楚写不明白；二是功力欠缺，无法用凝练的语言概括和表述一件相对复杂的事情。

要克服这个问题，首先要从思想上认识到，我们的读者和观众审美水平、认知水平、阅读能力都已经提高，有些地方不需要说得过于详尽，可以相信受众群体的理解力。其次就要练习写作的基础功，试着将复杂的事情简要表述，学习如何简写、如何让语句凝练。

（7）信息不全，完整性差

有的短视频虎头蛇尾，明明有内容有思想，却常常在某个地方缺失关键信息，导致作品不完整。

要克服这个问题，可以借鉴新闻的写法，从时间、地点、人物、事件发展过程等方面一一核实，使一个事物的表达完整清晰，不缺漏关键信息。

（8）脱离画面，声画两张皮

这是视频中常出现的一个特有问题。从视频的要义上来看，画面和解说/文案是相辅相成的，有时是画面为主、解说/文案为辅，有时是反过来。二者之间相互配合，实现一加一大于二的效果。但是在实际创作中，常常有新手创作者不能很好地将二者进行融合，导致画面是画面、解说是解说，这就是视频创作中常说的"声画两张皮"。

打个简单的比方，画面是蓝天白云，解说/文案不能简单地重复说"这是蓝天白云"，这是信息的重复；同时也不能远离画面而自说自话"家里发生了什么事情"，可以对蓝天白云进行引申、比喻、抒情。

5.1.2 优秀文案的基本特征

避免踩坑是为了写出合格出色的文案。一篇优秀的文案具有哪些特征呢？

（1）主题鲜明

主题也称为中心思想，是一个作品的主要内容指向。一个合格的短视频不应该在主题上混沌不清，它应该具有明确的主题思想，想向观众传达什么样的内容、抒发什么情感、证明什么道理都应该是一目了然的。

主题的鲜明可以通过几种方式达到：第一，在片中通过主题段落、中心句点明主旨；第二，通过反复强调一个事实、理论、道理、感情来实现；第三，开门见山指出主题，或在结尾处进行总结点明主题；第四，全片紧紧围绕主题思想进行，不要偏离主题过远。

（2）结构合理

一篇优秀的文案应该具有层次清晰、错落有致的结构，就如同一个好的建筑一样，让人从骨架上就能感受到气势与恰到好处的美感。

短视频时间较短，在结构上也相对简单，一般来说，可以采用这样几种结构：

讲解类短视频一般按照事物原本的顺序搭建结构，最后可以适当进行点评；

剧情类短视频可以按照三幕剧的经典结构进行，故事的设置、故事的核心、故事的解决。这种方式类似于议论文的三段式结构，提出问题、分析问题、解决问题。

议论类短视频可以采取总—分—总的模式，即开篇提出主题，中间分几个点进行分别论述，最后再进行总结。

散文类短视频则要注意"形散而神不散"的问题，不论是抒情还是叙述都要围绕中心进行。

为了让结构更加清晰，还可以采"化整为零"的方式，即将一个大的问题细分成数个小的问题，然后以小标题进行概括或提示。

（3）逻辑清晰

逻辑是指思维的秩序性。有合理的结构是逻辑清晰的前提，但并不是有了合理的结构就一定有合理的逻辑，因为逻辑更多的是指向关系的顺畅，如因果关系、并行关系、串行关系等。

具体来说，逻辑关系可以分为12种：从原因到结果、从主要到次要、从整体到部分、从概括到具体、从现象到本质、从具体到一般、从结果到原因、从次要到主要、从部分到整体、从具体到概括、从本质到现象、从一般到具体。所谓逻辑清晰，也就是需要有一个主要逻辑线，可以有其他辅助线，但不能多线混乱、半途而废、反复横跳。

一篇文案要能够将顺畅的逻辑关系与合理的结构进行融合，这样才能打造出恰当的秩序感，也才更方便向观众传输信息和意见。

（4）语言凝练

语言凝练是写作中的一项基本要求，而对于短视频来说尤其要加强，因为短视频的时长所限，更不允许话语啰嗦、分散无焦。

语言的凝练可以通过练习获得，比如将一大段话进行简述，或者从一篇文章中练习提炼关键词，这些方法可以帮助我们学会获取重点，在讲述的时候分清主次、抓住要害。

练习语言的凝练，还要抓住"精准"一词。一种使用情形下，总有一个词是最精准的，写作的任务的就是找到那个词。如果感觉用这个词可以、那个词也可以，就证明还没有找到最准确的那一个。多琢磨，多实践，在实际应用中慢慢磨炼"精准"的功夫。

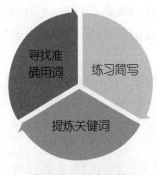

如何练习语言凝练

（5）情感饱满

一个短视频就如同与观众进行的一次短暂交流，因为时间紧迫，不得不在有限的时间内以强烈的情感打动对方，捕获对方的注意力，吸引对方听下去。因此，短视频要以饱满的情感刺激观众产生强烈的情绪，在行文中应尽量避免平淡无味的叙述，不管采用哪种表达方式，都要让情感充沛，让行文情绪张力十足。

要注意，强调情感饱满并不是一定要表情夸张、声嘶力竭、噱头十足，这些表面的情绪并不代表情感张力，如果用得不好反而会适得其反。真正的情感应该是蕴含在扎实的内容中、深刻的内涵里，由内而外进行描摹，这样才能以充沛的感情带来心灵的震撼。

（6）言之有物

言之有物是一个较为笼统的说法，它指的是一篇文案有充实的内容，有具体的素材，有表达清晰的内涵和思想。总之，它让一篇文案不再空洞枯燥、乏善可陈。

一篇内容充实的文案应该让人在看完后有回味的记忆点，有印象深刻的地方。如果一篇文案读下来可以让人有这样的感受，那么它就实现了言之有物的目标。

5.1.3　让文案言之有物的方法

让文案具体而充实、生动而令人印象深刻，这是写作的重要目标。具体说来，为让短视频文案言之有物，可以采用这些方式：偏重具体表述、打造情境代入、刻画细节特点、提出见解主张、提升立意内涵。

（1）偏重具体

在文案写作中，具体的对立面是抽象。有时候，说一百句道理不如一个实际例子更有说服力，这就是"具体"的力量。

具体的方式有很多，可以举事例，可以写实际的人，可以将环境具体到某个城市、某个建筑，可以将理论具体到某次论坛上的讨论、某篇报道中的提及。一言以蔽之，"具体"就是要将事情落实到地上，不再飘浮在半空中，让观众在看完后可以记得其中的某个具体细节，而不是在空泛的理论中茫然无措。

如这样的表述："这个陶器就是龙山文化中期的一个杰出代表，它具有某某特征，与整体龙山文化的特点十分相符。"谈龙山文化却不空谈龙山文化，而是以其中一个器物代表举例说明，这样就将抽象的龙山文化具象化到了某个物件上，让观众能够具体可感地理解所讲信息，而不用全靠抽象的概念消化。简单地说，也就是将"举个例子"发挥好。

从另一个层面来说，短视频属于视听艺术，观众多从感官角度进行了解和吸收，多喜欢具象而浅白的内容。所以短视频不能像书本那样以抽象内容为主，要更加具体，这样才会显得生动、言之有物。

（2）打造情境

情境，指的是事物发生和存在的相关环境。

在各平台刷短视频的时候，难免会遇到各种广告。在短视频平台的广告许多是这样的套路：

"还有半小时妈妈就要到家了，可是家里这么脏乱怎么办？不用怕，我有某某清洁剂。"

"要去参加晚宴，可是衣服很皱。没事儿，用这个熨烫机，衣服马上就变平整。"

这样的广告是为了推销清洁剂、熨烫机，可是它没有直接介绍这些产品的特性，而是先创造一种情境，让人在一种剧情般的环境里有代入感地了解产品。

有情境的介绍更有吸引力，这里面有三方面的原因：一是情境属于故事的一种，故事对人有天然的吸引力，人们会自然而然地想知道后续如何；第二，情境起到了提醒的作用，让观众看到后觉得"是啊，我也会遇到这种情况"，同时提供了可借鉴的解决方案和使用模板；第三，情境让事物有了具体可感的生存环境，具象的、肉眼可见的问题解决方式要比大道理更有说服力。

在短视频里，有的达人介绍美食制作方法，但她不是直接教授食谱，而是先以一个情境来做引子。比如"朋友半小时后就要到家里来，我该用什么招待她？有了，就做一道某某菜。"这样的情境可能是很多人都会遇到的，他们看到了自然也会多留意一下，为自己下一次遇到这种情况做准备。

有的短视频介绍认知方法，直接的理论讲解未免枯燥无味，而加入一定的情境就会好很多。比如以剧情表演的方式，展现办公室里该如何拒绝别人的无理要求，该如何鉴别哪些话是PUA（指一段关系中，一方通过言语打压、行为否定、精神打压的方式对另一方进行情感控制）等。这些情境的创造让理论有了具体可感的环境和条件，具象的讲解让人更容易理解。

（3）刻画细节

如果让你回忆多年前看过的一部电视剧，你会讲出什么记忆点？很可能并不是宏大叙事，而只是其中某个人物或某个情节。在电视节目创作中，前辈们一直强调：让观众能记住其中几个点就不错了。这样的"几个点"就是作品的细节。

细节不仅让人容易记住，也更让人喜欢。比如，在平时的阅读中，你会对什么样的人物描写印象深刻？对比下面这两种描写手法：

"对面走来一个孩子，她正向不远处的妈妈吵吵嚷嚷，希望妈妈给她买根冰棍。"

"对面走来一个孩子，红扑扑的脸蛋像苹果一样，四肢胖得像莲藕一般可爱，她正一手拉扯着妈妈的裙子，在吵吵嚷嚷中，另一只手指向路边卖冰棍的老奶奶。"

很明显，第二种写法更讨人喜欢，因为它有具体可感的细节刻画，让观众瞬间在脑海中建立了人物素描形象。

细节是短视频中的最小单元，它就如同用放大镜看事物，让特点放大，让笼统的理论有了载体，让空泛的事物有了具体可感的体肤外表，让观众的视线有了"落眼点"。

（4）提出见解

有的文案读来乏善可陈、没有新意、缺少力度，有时候可能是缺少"独立的见解"这味药。试想，很多网友看短视频除了休闲娱乐就是想获得某种解决方案，或技能知识，或人际关系等，希望能从短视频创作者这里吸取到有营养的东西。但如果短视频所说内容是满大街都在说的，或者只有描摹没有见解，那么这则短视频极有可能沦为无效作品。

见解是一个人对世界的看法，它代表我们拥有独立的思想和面对问题、解决问题的勇气。在短视频中勇敢说出自己的想法，提出独特的解决方案，这不仅会让作品内容充实、言之有物，还会让观众觉得创作者本身富有力量和魅力，这样的"人设"才具有吸引粉丝的能量。

（5）提升立意

立意，指的是作品的主题意义所在，它常常指向的作品的深刻程度、视角高度、胸怀宽度。

人们喜欢深刻而不喜欢肤浅，这是因为"深刻"可以帮助人们向内探求提升修养和格局、向外学习掌握世界运行的规律。一篇文章是否有好的立意就决定了它的深浅程度，决定了它的水平层次，也决定了它的流传度。

在短视频中，人们固然喜欢休闲娱乐放松，貌似更倾向于浅白。但实际上，人们只是不喜欢"难以吸收"，如果道理讲得轻松明白、科学也如同做饭一样简单容易理解，又有谁会不喜欢呢？因此，发挥创作者的思想和才智提升立意，这一点并不能成为作品受欢迎的阻碍，反而是赢得更多观众的重要法宝之一。

从视角和胸怀宽度上来说，人们喜欢接地气，也喜欢高视角和大胸怀，这两者并不是矛盾不可调和。比如纪录片《舌尖上的中国》，它讲述的是老百姓与食物的关系，但是视角却是纵横大江南北、贯通上下千百年。这样的高度打开了作品的格局，让接地气的百姓生活融入到广袤的社会变迁之中，平凡的生活也因而具有更深刻的意义。

总而言之，立意的提升让作品不再局限于本身，而和历史、国家、大自然有了相融共生的联系，让人们可以通过这样的视角了解和掌握世界运行规律，让作品更加厚实、言之有物。

5.2 如何写好开头

俗话说："万事开头难"。许多从事写作行业的读者可能都有类似的体会，不管是哪种文体，开头总是最难的。这里的"难"主要包括两个方面的意思：一是不知道开头写什么，不知道如何开头；二是因为拖延症等原因总是迟迟不能开头。

因为它的难，恰恰体现出它的价值所在。写一个好的开头对一篇文案来说就像是打开放水的闸门，它可以让文思如江河之水奔涌而下、肆意流淌。这个"闸门"是宽是窄、是通畅还是滞涩都会影响着后面主要内容的叙述表达。

与此同时，短视频由于要在短时间内抓取观众的视线，文案的开头尤其要求精彩夺目。有哪些方法可以让开头做到这一点呢？本节我们将从方法论和认知心理两个方面去寻找这一问题的答案。

5.2.1　开头应该怎么写

一篇内容深厚的大作，它的开头常常是平稳淡然的，比如小说《平凡的世界》开头是这样写的：

"一九七五年二三月间，一个平平常常的日子，细濛濛的雨丝夹着一星半点的雪花，正纷纷淋淋地向大地飘洒着。"

小说《活着》的开头是这样的：

"我比现在年轻十岁的时候，获得了一个游手好闲的职业，去乡间收集民间歌谣。那一年的夏天，我如同一只乱飞的麻雀，游荡在知了和阳光充斥的农村。"

这些名著的开头尽量平和淡定，显出"若无其事"的气质。而读过它们的读者都知道，这样的开头不仅是为了引出后文，更在一开始就埋下伏笔、筑好基调，以利于后文的叙述。

长篇小说就类似于长视频，因为时长充裕，可以从容地慢慢叙述，因此开头反而相对平稳不张扬。这就如同一个自信有底气的人说话，因为内容足够有分量，所以开头不必有噱头。

但短视频情形却不一样了。短视频生存的环境本就是人们耐心缺乏、注意力也稀缺的境况，如果开头平平无奇，任凭后面多么精彩也可能再无面世的机会——因为急躁的观众已经滑走了。

正因为如此，短视频的开头一定要精彩——**把最精彩的内容放在开头，而不必一定按照事物原有的顺序**，上来就要迅速抓住观众注意力。这就好比在处理一条整鱼，不必先鱼头、再鱼身、后鱼尾，不必这样规矩。正确的做法是，哪段最肥美就先把哪段拿到前头来。

有句话可以这样说："最好的菜一定要先上。"那么，什么样的菜才算好菜？怎么摆放才能实现让观众一眼惊艳的目的？

（1）最吸引人眼球的细节、情节

一篇合格的文案中，总有一个或几个细节、情节具有高能性质，它们是全篇最吸引人的地方。在写作的时候，把其中最精彩的一个拿出来放到开头，这样既能起到吸引人眼球的目的，又能起到预告的作用。

如果是知识讲解类，就把讲解中最重要、最夺目的信息放在开头；如果是剧情类，就把故事里矛盾最激烈的部分拿出来放在开头。不要觉得精彩的放开头，后面会显得内容虚空，如果开头留不住观众，后面再精彩也是无用。

（2）动作开头

人的注意力会优先被运动着的事物所吸引。开篇先上动作，这样会让视频开头具有动感，抓住观众的视线。这里的动作既可以是人物的肢体动作，也可以是动物或者汽车等事物的运动。只要开头动起来，视频就有了吸引人注意力的优势。

比如讲一段宋朝的历史，开头可以先写一场战役，并且要具体到战役的细节上：士兵们如何搏杀，百姓们如何四散逃逸，富户们如何惊慌失措……这些运动着的细节非常有感染力，可以紧紧抓住观众们的心，吸引他们看下去。

（3）声音开头

关于声音开头，《红楼梦》中关于王熙凤有一场"未见其人，先闻其声"的段落，就是一个很典型的案例：

"一语未了，只听后院中有人笑声，说：'我来迟了，不曾迎接远客！'黛玉纳罕道：'这些人个个皆敛声屏气，恭肃严整如此，这来者系谁，这样放诞无礼？'心下想时，只见一群媳妇丫鬟围拥着一个人从后房门进来。"

王熙凤的这个出场为什么吸引了黛玉的注意？正是她人还没到，声音先到了。这个声音既特别，又起到了悬念的作用，让人忍不住想一探究竟。

声音开头之所以会比较有吸引力，在于它打破了平时人们观察事物的惯例。人们平时观察事物总是先看样貌，声音的信息只占据一小部分。但是如果特别安排声音开头，就会有种打破常规的新鲜感，让人加倍注意。

（4）悬念问题

悬念，即抛出一个未解决的问题，让读者、观众、听众忍不住继续看下去、听下去，因为这个悬念关系到情节的发展、人物的命运。

如上文所引，王熙凤出场时的那句话既是声音的作用，也是悬念的作用。黛玉听到后就开始纳闷，大家都这么严肃，这是一个怎样的人才能这样放肆活泼？她自然就想仔细看看接下来出场的这个人物。

有的文案在开头将一个信息说一半、留一半，也就是俗称的"卖关子"。人们为什么会吃这一套，答案是因为好奇心。在好奇心的驱使下，人们会想要了解未知的秘密，想知道另外那一半到底是什么，也想知道自己所关心的事件和人物最终到底怎么样了。许多影视剧爱好者不眠不休追剧，其中起作用的就是这个原理。

（5）故事情境

在学校中，有情境教学这样一种教育方式，它是指创造各种模仿环境，让学生有代入感、沉浸式学习。

对于文案来说，情境的作用也具有悬念的意味。在短视频的开头先营造一个情境，"同学邀请我去参加毕业十周年聚会，该怎么穿搭才能好看呀？"在这个情境下，观众可以很有代入感地看看接下来主人公该如何穿衣服。

情境在开头之所以起作用，是利用了故事的原理，让人在代入感中急切地想知道接下来发生的事情，于是便提高了视频的完播率。

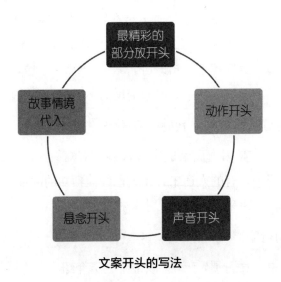

文案开头的写法

5.2.2　需要克服几个心理障碍

许多人在写作时常常被开头所折磨，不知道怎么写是一方面；有时候就是无法下笔，常常要拖上一段时间，最后在交稿日期的逼迫下不得不开始。在第二种情况下，大概有这样几种错误认知在阻碍着开头。

错误一：开头要一次性写好

不少人无法下笔，是因为怕自己写不好。他们认为开头写不好，后面也不会写得好。这个问题可以分两个层次来解答。

其一，开头写得好不好，对后面内容的撰写会有影响，但影响不会大到无法控制。只要结构规划合理，后面该怎么样还怎么样，不会被一个烂开头影响到底。

其二，开头不一定要一次性写好。换句话说，一个开头并不是一开始就是完美的，它可能要经历多次打磨，有时是在反复修改中完善，有时是在撰写后面内容的时候突然有了关于开头的灵感，继而回过头来进行修缮。不管是哪种情况，一开始不要过于在意写得好不好，因为这会在无形之中增加写作的心理压力。

有一个小秘诀可以分享，害怕自己写得不好时，建议反其道而行之，可以对自己说："我看看到底能写多烂""我倒要看看开头能有多蠢"。这句话的原貌是这样的：

"要说服自己，你是在捏黏土，不是在刻石雕，写在纸上也是可以修改的，下笔的第一句越蠢越好。反正写出来之后，你也不会冲出去把它打印出来。将它放在一边，然后写下一句即可。"——雅克·巴曾。

在这样的反向鼓励下，随手写出来的反而不会那么糟糕。

错误二：要写这么多字，我感觉完不成

有时无法动笔，是因为面临的字数很多、篇幅很大，又或者文案的要求很高。在这种情况下，有的人还未开始就已经让预知的困难压倒了自己。

这种情形下，可以采用这样两个小妙招儿。

（1）只写两行字。

有这样一本书《微习惯》，作者以亲身经历介绍小动作引发好习惯的成功经验。他想健身，不管立下什么样的目标，却总是坚持不下来。于是，后来他不再立过高的目标，而是立"不可能失败的目标"，比如一天一个俯卧撑，有人可能会嗤之以鼻，一天一个俯卧撑能有什么用？但恰恰就是这些"不可能失败的目标"，让盖斯慢慢养成好习惯。道理很简单，当你开始做，你就会止不住多做一点。完成一个俯卧撑，你就会忍不住再多做几个，多多益善。如果你没有多做，也没有关系，反正目标就是一个，这样心理不会产生负担，也不会给自己贴上"失败者"的标签，也就不会因为功亏一篑而彻底放弃。

我们也可以采用这个方法，不要一上来就吓唬自己：这么多字要写！而是鼓励自己，先写两行字试试，先保证面前的空白文档不再完全空白，然后再思考接下来的事。如果实在写不下去，也就不要勉强。但实际情况常常就是这两行字拯救了拖延症的你。

（2）什么也不管，先写五分钟

有人把这个方法称为"五分钟"起飞法，它的做法就是先不要管脑海中那些畏难的情绪、纷纷扰扰的信息，不管不顾地先干上五分钟，然后再来整理思绪，这时会发现一些好的转机。

这个方法与"只写两行字"有相似之处，它都是鼓励我们先把头开起来。而只要把开头写了出来，不管是好是坏，它都已经打开了写作的闸门。

错误三：一定要原创，模仿是不对的

对自己的写作要求高标准，这是一件好事，这也是推动我们前进的动力。但是如果在这个要求之下对自己提出一些过分的要求，比如：不准自己模仿他人，一定要搞全新原创——这就是过度为难自己。

解决这一问题，首先要树立一个观念：**模仿并没有错**。要理解这个说法，就要搞清楚模仿与学习之间的关系。"学习"二字拆开来讲，"学"指的就是模仿，"习"指的是练习。学习，就是要在模仿中一遍遍练习。

"你一定要穿着大师的拖鞋走一走，然后把拖鞋扔了，在穿和脱的过程中，你就会找到自己。"——吴冠中

不管是写文章还是学做人，其实都是这样一个道理。我们首先要找到一个优秀的目标，找出他身上值得学习的优点，然后进行模仿，反反复复，直至练出属于自己的风格。

因此，在写文案的时候不要走入误区，认为不模仿和借鉴才是正确的。真正正确的方法是在模仿之中进行创新和提高，而不是只针对自己的知识储备搜肠刮肚。

5.3 好听又好念的句子是如何写出来的

文案最终要着落到一字一句之上。如果说内容和意义考验着作者的思想高度，那么如何将这一字一句写好就最考验作者的文字功底，也就是大家常说的"文采"。

文采，在释义中为"文章的语言优美"。有的人能够落笔成篇，有的人出口成章，有的人一句话写出来就让人感觉"惊艳了时光"。他们是如何做到的？这种能力是否可以习得？

在视频的文案中，我们强调准确性要大于优美性，但如果写得既准确又优美，那岂不是更好？因此，在准确性的基础上再提升文字的美感，这就是短视频文案在文采方面应该追求的目标。

5.3.1 六种手法增强文采

不可否认，有的人在文字方面具有天赋，天生就对文字敏感。但更要认识到，任何一种能力都可以通过努力习得，连天才的莫扎特都说："我每天花8小时练琴，但人们却用天才两字埋没我的努力。"

当然，努力也要有方向、有途径、有方法。有人说，自己没有那么长的时间进行慢慢练习，这怎么办？有没有快速见效的方法，以增强和提升文采？正如我们一直在强调的，任何艺术都有它的创作规律，而掌握这些规律就是最快的方法。

（1）对仗

对仗，也可以称为对偶，指用字数相等或相似、结构类同、语义相近或相对的语句表达相反或相关的意思。对仗的用法类似于中国传统的对联，讲究字数、平仄，营造整齐、对称的仪式感。在现代语境中通过灵活运用，对仗可以创造出朗朗上口的语言美感。

风吹扬柳岸，光影夜阑珊。（来自微信视频号"房琪kiki"）

"这是一座落在水上的四方城。东昌湖有缠缠绵绵的柔，光岳楼有彩霞明灭的秀。时而风吹杨柳岸，也见光影夜阑珊。但，它是聊城，不是江南。聊城记录着水浒故事，也记录大宅门里的情仇往事。东阿阿胶城的那栋宅子，就是当年白景琦的府邸。白家往事早已埋入时光洪流，可这阿胶城里的一砖一瓦，却在推着你往过去走。"（来自微信视频号"房琪kiki"）

在这段文案中，作者的主要目的是介绍一个旅行地——聊城。但她的介绍融入了多种修辞手法，意韵深邃缠绵，文风绮丽悠扬，带来了视觉和听觉双重的美感。文案中的对仗手法尤其突出："东昌湖有缠缠绵绵的柔，光岳楼有彩霞明灭的秀。""时而风吹杨柳岸，也见光影夜阑珊。"这些语句两两成对，字数相同、平仄相对，在韵律美中升华语义，在古典韵味中抒发情感。

《人民日报》金句迭出，它应用最多的也是对仗：

"时间是最忠实的记录者，也是最伟大的书写者。"

"惟其艰难，方显勇毅；惟其磨砺，始得玉成。"

"与大雁齐飞，目之所及皆是广袤天空；与苍蝇为伍，所到之处皆是污秽狼藉。"

"人生不就是这样，经历过一次次考验才能成长；人生不就是这样，哪怕雨雪霏霏也要去追寻阳光。"

当然，任何手法的运用都不必拘泥。对仗胜在整齐，但有时略有参差也不影响美感，只要符合韵律规律就能创造美感。比如：

"一缕酒香，穿越千年岁月，将与健康理念碰撞出怎样的传奇？
一杯果酒，凝结历史与现代，又会衍生出什么样的精彩？"

这是笔者为一个酒品牌所写的宣传片开篇，这两句放在片头之前，起到统领全篇的作用。这种写法借鉴了现代诗，不讲究字数的相同，也没有严格的对仗工整，但依然具有对仗的韵律美感。

（2）排比

排比是由三个或三个以上结构相同或相似、内容相关的短语或句子排列在一起，用来加强句子语气。《现代汉语语法修辞教程》这样解释排比："排比的修辞功能可以概括为'增文势''广文义'。排比项诽迭而出，语气一贯，节律强劲，各排比项意义范畴相同，带有列举和强化性质，可拓展和深化文意。"

排比的手法能够最大限度增强节奏感和语言气势，以此来强化表达效果，带给人一气呵成之感。如武汉大学招生宣传片："未来，是历史的延续，是无边的想象，是无知，是求是的勇气，是可以到达的远方，是可以实现的梦……"数个"是"带起节奏感，让观众在流淌的音乐里流畅体验各个专业的特色。

"那是最璀璨的年月，那是最倒霉的年月；那是智慧的时代，那是蒙昧的时代；那是信仰的新时期，那是困惑的新时期；那是光辉的季节，那是灰暗的季节；那是希望满怀的春天，那是心灰意冷的冬天；我们将获得一切，我

短视频文案创作零基础入门：创意解析＋内容策划＋写作技巧

们也将失去一切；我们直入天堂，我们直堕地狱……"——在狄更斯的《双城记》中，以排比句书写时代，以排山倒海之势将作者内心的感慨倾泻而出，给阅读带来痛快淋漓之感。

"春天像刚落地的娃娃，从头到脚都是新的，他生长着。

春天像小姑娘，花枝招展的，笑着，走着。

春天像健壮的青年，有铁一般的胳膊和腰脚，他领着我们上前去。"

——朱自清的《春》又是另一种风格，一个个排比句将春天兼具轻盈与生命力的美表达出来，只有排比才能将作者喜悦的心情一口气抒发出来。

如果排比与对仗相遇呢？它们结合在一起会出现什么效果？

如北京城市宣传片文案：

"山河相拥，因水而兴；建城蓟燕，三千年前；五朝古都，八百年间；岁月绵延，水木诗篇；四海相望，时空相连。"

这一段文案全部为四字词语，对仗本身特有的古朴、抒情性质，让语句增添凝练与大气。当对仗与排比融合运用，整个文案气势十足、简洁凝练、光华熠熠。

（3）比喻

比喻是日常写作中最常用的修辞手法之一，它指的是用一个事物来形容与之有相似点的另一个事物，也叫"譬喻""打比方"。

比喻的底层逻辑在于，将难懂的事物浅显化，将抽象的东西具象化，将概括性的东西形象化。一种事物很难描摹清楚，所以用大家常见的另一个事物来代指它，这样大家就可以更直接地理解这个复杂事物。所以，一般只能用简单易懂的事物比喻复杂难懂的事物，而不能反过来。如"火车呼啸而来，就如同一匹脱缰的野马。"这里用马比喻火车，是因为马相较于火车来说更常见、更易懂。

比喻有明喻、暗喻（隐喻）、借喻三种用法。明喻就是"甲像乙"；暗喻就是"甲是乙""甲成了乙"；借喻就是"乙如何（没有甲）"。如果按出彩的程度来划分，借喻大于暗喻大于明喻，运用越灵活的方式越容易体现文采。而如果将多种手法并合使用，更会大大提升语言的魅力。

比如：

明喻加暗喻。"他向着她飞奔而去，就像一支箭射向它命中注定的靶心。"在这里，把人物"他"明喻成"箭"，把"她"暗喻成"命中注定的靶心"，把"奔跑"暗喻为箭的发射。明喻连暗喻的方式让句子有了浪漫的美感。

借喻加借喻。"况且狗是能浮水的，一定仍要爬到岸上，倘不注意，它就先耸身一摇，将水点洒得人们一身一脸，于是夹着尾巴逃走了。"——《鲁迅散文经典》中，鲁迅先生的这句话里，"狗""爬到岸上""耸身一摇""洒得人们一身一脸""夹着尾巴逃走"这些都是在暗喻某种人和事，连环的用法不仅让比喻形象生动，也创造了情境式的写法，让原本难懂的道理瞬间变得清晰明了。

比喻加形容词。"叶子出水很高，像亭亭的舞女的裙。"如果只写"叶子像舞女的裙"就会显得单调，但加上"亭亭的"这一形容词，就让舞女的裙和叶子一同有了具象感。

也就是说，要用比喻，不要只用比喻，可以采用多种手法相交叉的方式，让比喻拉长、延伸、增量，让比喻变得生动可感、形式感十足。

（4）通感

通感在《汉语修辞格大辞典》中的解释是"在表达中将人们的各种感官感觉互相沟通连接起来，把一种感官感觉转移到其他感官感觉上，从而在多种感官感觉中共同描绘同一表达对象，使其丰富生动的修辞方式。"

通感又叫"移觉"，是在描述客观事物时，用形象的语言使感觉转移，将人的视觉、嗅觉、味觉、触觉、听觉等不同感觉互相沟通、交错，彼此挪移转换，将本来表示甲感觉的词语移用来表示乙感觉，使意象更为活泼、新奇的一种修辞格式。

如果说有哪一种修辞方式最容易提升文采，那么非通感莫属。它可以将平凡的事物描述得有文艺范儿、新奇感十足，带给人不同寻常的阅读体验。

"微风过处，送来缕缕清香，仿佛远处高楼上渺茫的歌声似的。"（朱自清《荷塘月色》）

——清香属于嗅觉，歌声属于听觉，但作者却将二者进行类比，以通感的方式进行描摹，让人产生不同以往的理解。

"你的耳朵在侦察，你的眼睛在倾听，你的指挥棒上，跳动着你的神经。"（艾青《小泽征尔》）

——耳朵替代了眼睛，眼睛替代了耳朵，连指挥棒也有了大脑一样的神经。诗句将一位指挥家的神态用通感的手法描摹得形象生动，"转移"过后的感觉让人们一下就理解了他的状态，体现了通感的神奇。

通感在平常的写作中也比较容易实现。如，要写夏季的闷热，不要直接写蝉鸣聒噪，也不要直白地写烈日炎炎。可以通感一下："我仿佛闻到了太阳烤焦的味道，而蝉鸣就像是煳焦的肉末，让人无法忍受。"转换感觉后，平常的事物就变得不再平常，不仅文采提升，还增加了感悟的力量。

（5）巧借鸡，孵金蛋

古今中外的文学艺术中充满了文采斐然的名词佳句，这是一个巨大的宝库，我们不仅可以直接引用，还可以动用智慧，在前人的基础上进行改编和创造，借势发力，从而实现"巧借鸡，孵金蛋"。

如："为什么我的眼里饱含泪水，因为我对这楼主爱得深沉。"前半句是来自艾青的《我爱这土地》，原句是："为什么我的眼里常含泪水？因为我对这土地爱得深沉……"改编过后，将原来沉郁深情的画风一改而成搞笑风格。因为这句诗大家耳熟能详，所以改编句借"势"发力而成为段子式幽默。

网络上对鲁迅先生的文体模仿是一大热点。"我家门前有两棵树，一棵是枣树，另一颗也是枣树。"本来是两棵同样的树，但作者换个说法，一种清冷孤寂的感觉就出来了。网友爆笑改编："我的床上有两个枕头，一个是我的，另一个还是我的。"改编后的效果就成了单身汉的自嘲。

借用和改编名人名言、名词佳句，首先要保证原句的广泛认可程度，这样大家在看到改编版后会有会心一笑的效果。如果是根据一句大家不熟悉的话进行改编，充其量也只是进行了模仿而已。

（6）让词句打破惯常的熟悉感

我们在读一些文采比较好的文章时，常常觉得作者的遣词用句不走寻常路，明明平常是这样一种表达，他偏偏用另一种不常见的表达，这是为什么呢？原因在于，过于平常的表达对于读者来说已经有了某种"麻木感"，很难唤起他们的深层感觉。换种说法，可能有些拗口，却会带来新鲜感。

比如在某个春晚的主持词撰写研讨会中，有人对一句赞美风景和人文的话提出异议，建议换成"山好、水好、人也好"。这句话引起了争议。为什么呢？"山好、水好、人也好"虽然朗朗上口，一句话概括了很多信息，但是它也显得过于常见，而太常见的事物就难以唤醒人们的"感觉"，它也就成了无效表达。

正确的做法是什么呢？来看这样的例子。

"坐在轮椅上的人，可能走得最远；用嘴咬住笔写字的人，也能写出优美的诗篇。"——在这句话中，"坐在轮椅上的人"指的是下肢瘫痪的患者，更简练地说可以是"下肢残疾的人"；而"用嘴咬住笔写字的人"指的是没有双臂的人，如果要追求更简练、更规范的说法，可以说是"无臂残疾人"。但是笔者没有用这样的说法，而是用了略显笨拙的白描形容，这是因为过于规范和常见的说法不容易引起人们的注意，而用了自己的语言之后，反而增添了新鲜和感动。

所以，在平时的写作中，不要过于依赖惯常的写法，一些词汇、语句可以尝试用自己的感觉写出来。这样的写法可能显得不够规范，也不够简练，但却因为出自自己的独特感受而显得与众不同，也更容易打动人心。

5.3.2 修习文采的途径

好的文采能力不是一日之功，但也绝不是不可习得。可以通过这样几种方式进行练习。

（1）通过阅读练习语感

语感，既指对语言文字的感悟能力，也指写作时的语言感觉。语感并不是一种显性的能力，它实际上是人潜移默化中使用的一种本能。但是语感是可以通过练习获得的，其中最好的方式便是阅读。

我们都知道耳濡目染会对人慢慢产生影响，有时并不需要刻意地学习，但却会逐渐领会到学习对象的本质。我们还经常听到一句话：近朱者赤，近墨者黑。在与同学、同事相处的过程中，我们会不自觉某些地方变得与对方相似，就是这个道理。这里的变赤、变黑也常常不是故意地涂染，而是与对方相处时间长了，耳濡目染的结果。

读书亦是如此。每一本书都是作者多年甚至毕生心血的凝结，它有作者最显著的语言风格、最精华的思想意义，长期浸染其中，就会被对方所打动，不仅吸取到对方宝贵的思想知识，连对方写作的语气格调、方式方法都会习得。

如果你喜欢某位作者的风格，那不妨将他/她的作品拿来当范文进行阅读，日积月累之下，就会慢慢具有与对方写作相似的语感。而如果是广泛阅读，也将集众家之所长，将多位作家身上的优秀写作品质化为己有，最终形成自己特有的语感。

（2）仿写

为了练习提升文采，对优秀的佳作进行仿写也是一种较快的方式。上一节曾探讨对于模仿的认识，模仿是学习的本质途径，是人类保留和提升文明的重要方式。不要排斥模仿，因为任何人都不可能凭空建起高台楼阁，站在巨人的肩膀上看世界也并不丢人。

仿写的方式也有多种。可以原文照抄，这样可以在认真的模仿中体会原作的语言风格，进而练习语感；可以按照对方的格式创作，如按照对方对事物的描述，仿写自己见到的事物；还可以根据原作的题材另行创作，并与原作进行对比，以发现和认识自己的优势与不足。

穿着大师的鞋子走路，最终的目标是要脱掉这双鞋子、改穿自己的鞋子。在这一穿、一脱之间，自己的风格就形成了。

（3）积累名词佳句

当觉得自己的词汇量不够多、底蕴不够丰厚、不能够独立撑起一部作品的时候，需要借助一下其他的力量。通过积累名词佳句，在自己的文章里巧妙借用，就能快速提升自己文章的文采和格局。

当然，这也是模仿的一种途径。在积累的过程中，势必要阅读大量的作品，通过揣摩体会原作者的用心良苦，也会慢慢提升自己的写作水平。

（4）观察与体悟

除了阅读纸上的文字，在生活中进行观察和体悟也是修习文采的好方式。

生活是一座巨大的宝库，有心的人会在慧眼如炬中洞见真知，慢慢积累自己的人生厚度。我们如果能更用心一些观察生活、感悟人生，那将会逐渐提升自己的人生格局，为自己争取和创造更多选择的机会。

我们可以观察他人。路边店里的女主人在训斥年幼的孩子，有的人反感她的粗鲁和无理，有的人却能体会到她生活的艰辛和不易。有时候，人发脾气并不是只为当时当事，它可能是生活苦难长时间积压之后的一次爆发，而那样的粗鲁其实已经是她在尽力克制的努力了。

我们可以观察自己。这个殊为困难。因为人一旦遇上难以处理的事情，多数都会裹挟情绪而来，而情绪中的自己很难保持清醒和自知。在事上磨练，在心上下功夫，这是一个漫长而艰难的修行。慢慢在情绪中打开一个缺口，保持对自己的观察和理解，这将会大大提升自己的心理稳定性，也会提升对生活的理解能力、对写作的感知能力。

5.4 讲好故事的技巧

如果说有哪一种文学艺术形式是在我们生命中最早出现，并在我们的人生旅途中出现频率最高的，那一定是故事。

小的时候，央求大人"讲个故事"是睡前最美好的期望；开始学写作文了，作文里加点情节、加点小故事成了老师的谆谆教导；长大了，在业余追个剧、看个电影成了重要的娱乐方式；甚至在市井街头、茶余饭后，人们嘴里最常谈论的也是传说中的各种故事……

故事为什么会有如此大的魔力，可以让人不计报酬地去追寻？它的本质是什么？怎样才能讲好一个故事？在短视频里讲故事要注意什么？

5.4.1 故事的本质

"好莱坞编剧之父"罗伯特·麦基说："故事是人类最多产的艺术形式。"遥想远古时代，人们用神话故事表达对大自然的敬畏和对后世的告诫；历史上的风云人物因他们跌宕起伏的故事而为后人所熟知。当沧海桑田已过，那些道理或说教可能早已风干，但鲜活的故事却将远古的风貌——记录并流传了下来；当过去千百年，历史的细节或许早已经掩埋在岁月的烟尘之下，但有些故事却历久而弥新。

为什么人们会对故事如此偏爱呢？"讲好中国故事"，为什么不是"说好中国道理""描述好中国风景"呢？原因就在于**故事具有更强大的传播力**。

要理解故事的传播力，首先要从故事的原理讲起。

什么是故事？是事件？是情节？是意外？这些好像都对，又好像都不对。

《现代汉语词典》中故事的解释为："真实的或虚构的用作讲述对象的事情，有连贯性，富吸引力，能感染人"。百度百科这样定义故事："是陈述一件往事。""是文学体裁的一种，侧重于事件发展过程的描述，强调情节的生动性和连贯性，较适于口头讲述。"可以看出，故事具有这样几个特征：有寓意，往事，强调情节生动和连贯，侧重过程描述。

根据这个理解，我们来判断这样一种描述是不是属于故事："昨天下了大雨，道路被浸泡得泥泞不堪，一个老大爷骑自行车过马路的时候不小心摔倒在了泥水中。"——这个段落描写中，有情节，有过程，是往事，但它依然没有吸引力，为什么？从常识性上来讲，因为它没有"寓意"，情节也不曲折生动。

那到底要如何写才能成为一个合格的故事呢？

《故事》一书这样阐释："故事事件创造出人物生活情境中富有意味的变化，这种变化是通过一种价值来表达和经历的。"在这个定义中有两个关键词：**变化，价值**。其一，从故事的讲述过程来说，它体现了某种变化。以上文为例，如果骑自行车的老大爷第一次摔倒了，第二次因为有人帮助而安全过了马路，那么这就是一种变化。其二，从故事的功能性上来说，它体现了某种价值。有人帮助老大爷过马路，这是一种值得赞扬的社会风气，这种"寓意"是从变化中提炼出来的，一种让人认同的"价值"。

用人们喜欢的电影来解释这一概念，可能会更好理解。汤姆·汉克斯主演的《荒岛余生》讲述了一个快递公司工程师因空难不幸流落荒岛，从此过上了荒岛求生的生活，原来的生活方式完全改变了，对时间高度重视甚至有些焦虑的脾气也被漫无边际的日子折磨没了，臃肿的身材变得健硕，对人生、对感情的看法也发生了质的改变——这些都属于"变化"，它们让整个电影跌宕起伏、意趣十足。

在改变的同时，主人公的人生观、价值观也发生了彻底的改变，不再执着于工作的忙碌，也不再因工作而拖延婚事，转而认真享受生命、珍惜人与人之间的感情。这同样也是一种变化，但更多是一种价值的体现，是电影导演和创作团队对人生意义的表达。

从这个例子可以看出，**故事的构成二元素中，变化、价值缺一不可。**简单地说，它要有些曲折、有些动荡才能牵动人心；它还要有些意义，才能让人在看完后觉得不虚此"看"。

5.4.2　故事为什么吸引人

从故事的本质上来讲，变化和价值是其构成要素。那么，为什么变化吸引人？为什么价值吸引人？这主要可以从几个心理模型进行理解。

（1）完形心理

如果一个圆圈有一个缺口，我们不会否认它是一个圆。为什么？因为那一个缺口，我们已经用已有的认知帮它补充完整了。这就是完形心理：人天生具有把未完成的事情做完、对缺憾的东西自然完形的欲望。这一心理支配着我们想了解未完待续的事情，"后来发生了什么？""欲知后事如何，且听下回分解"，这些日常交流和文学艺术中的常见说法就是为了推动人们继续跟进事件发展。

（2）好奇心理

"凑热闹"是生活中常见的一种现象。如果在街上看到一堆人围在一起，人们会本能地也想去看看发生了什么。这就是好奇心理。可以说，正是好奇心推动着科学的发展进步，推动着人们去探寻自然和社会的奥秘；也正是好奇心促使人们对未知的事物保持强烈的求知动力。

试想，当你隔岸观火一般看电影、电视剧的时候，是不是也是像在"看热闹"？

（3）学习和模仿心理

故事总是具有超现实的意义，它来源于现实生活，但又在人们的创作中进行了改编和提炼，是人类智慧的结晶。于是，除了休闲和娱乐，人们还想从故事中照见自己，希望能从主人公的身上看到某些品质，学到某些自己不具备的能力，希望从故事中得到某种启示，甚至帮助解决自己在现实中的困难和心理问题。

5.4.3　好故事的显著特征

如果从整体来看，一个好的故事应该具有哪些特征？

（1）曲折动人的情节

无情节，无变化。要想在故事中体现变化，并用这些变化牢牢吸引读者、听众、观众的注意力，就需要对情节进行设计，让故事一波三折，让受众欲罢不能。

情节是故事的主要组成部分，一个情节就是一个小型的故事，也要有开端、发展、结局；而在结局处再设计与下一处情节进行勾连，这样就把故事连绵起伏地讲述下去，形成一环紧扣一环的效果。

（2）鲜明的人物个性

人物是故事的灵魂。一个让人印象深刻的故事，需要有鲜明个性的人物来支撑。就如同国学经典《红楼梦》，一个个人物之所鲜活，为人称道，重要的原因之一就是每个人都有自己不同的个性，这些个性不同于以往作品中固化的形象，是作者赋予的带有时代和社会特征的具有生命张力的性格，因此格外与众不同。

在故事中，首先要考虑塑造一个典型的人物，让他/她随着情节的发展展现自己的性格和命运，也因他/她的个性推动情节向不同的方向发展，二者共同完成叙事的任务。

（3）强烈的矛盾冲突

冲突是戏剧的必要构成要素，也是情节紧张刺激、扣人心弦的重要原因。冲突有外在冲突和内在冲突两种。外在冲突指的是人物与外界产生的冲突，包括与社会的冲突、与自然的冲突、与他人的冲突等。内在冲突指的是人物内心的冲突，纠结、紧张、矛盾等压力情绪。

不论是外在冲突还是内在冲突，它们都是以某种对抗性引发剧情的紧张感，并在冲突中发展情节、解决问题、展现人物个性。

（4）强烈的价值意义

一个故事读完会带给人某种感受，让人得到某种启发，这种感受和启发越强烈，说明这个故事描写得越成功。相反，如果故事读完没有打动人心的地方，也没有可以让人借鉴之处，那只会让人觉得浪费了时间。

因此，价值意义是故事的主要目的，不论情节多么引人入胜、人物性格多么鲜明，最后都要取得一定的价值意义感，否则情节和人物的设计都将沦为无用功。

5.4.4　常见的故事模板

为什么有人讲的故事"曲折生动""引人入胜"，而有人讲的故事"干瘪苍白""味同嚼蜡"？故事讲述的手法有很多种，为了能够快速上手学会讲故事，并且将故事讲得合格、出色，有几个故事模板可以借鉴学习。

（1）三幕剧结构

戏剧理论中有一个经典的三幕剧概念，指的是用三幕完成一个故事表达，而每一幕都各有其任务：第一幕完成故事的建置，也就是抛出问题；第二幕演绎故事的核心，也就是在冲突中演绎问题的发展；第三幕完成故事的解决，让所有一切有一个结果。

简单来说，三幕剧结构就是对一个事件的三要素"开头、中间、结尾"的深度演绎，每一幕都各有更加详细的情节和节奏点。在三幕剧结构中，第一幕到第三幕全程都在演绎"变化"，而第二幕要注意"冲突"的形成，第三幕要注意事情解决后的"价值"表达。

（2）愿望—阻碍—实现的三段式模板

《舌尖上的中国》第一季执行导演任长箴曾对如何讲故事做出类似的经验分享：在背景条件下，主人公有一个愿望想要达成一中途遇到各类阻碍（包括外在的和内在的）一主人公在外力帮助或者自身各种努力或者机缘巧合之下克服困难一事情得到解决。

这个愿望—阻碍—实现的三段式模板在各类商业"大片"中更为常见：主人公因为外在的原因受到了挑战，一路进发，克服重重困难，最后解决了问题，并改变了某种既有的秩序。

在这个三段式模板中，同样要注意两个问题：一是阻碍一定要有，主人公如果一帆风顺，也就不存在故事。二是最后要有改变，这个改变可以是主人公个人的改变，比如改变了人生观、价值观；也可以是对外在社会的改变，比如改变了一个地区的风气等。

（3）英雄之旅

在好莱坞的"大片"中，更常用的是另一种稍显复杂的模板——英雄之旅。

"英雄之旅理论"是源自西方电影工业的一套叙事模板，有人奉它为电影叙事的"万能神药"，也有人斥之为电影创作的"八股文"。在本书中，我们不纠结它的长远发展，只开发和利用它可以帮助我们当下的意义。

"英雄之旅"将故事视为一段英雄成长的旅程，以12个环节层层推进：普通的世界、冒险的召唤、拒绝和抵触、与智者相遇、穿越第一个极限、测试盟友或敌人、接近深层洞穴、严峻的考验、得到嘉奖、回去的路、复活、满载而归。

普通的世界：相当于背景介绍。在危险和改变来临前夕，主人公的世界按部就班。

冒险的召唤：因为某个因素，世界发生了改变，平衡被打破，需要英雄去解救。这是问题的抛出。

拒绝和抵触：开始英雄不接受任务，内心经历挣扎。他不愿意离开原有的秩序，有些观念需要在后面的路上或最后改变。

与智者相遇：遇到点化英雄的人，或者某个契机让英雄内心发生改变，促使他终于决定踏上征程。

穿越第一个极限：打第一场大胜仗。这是对英雄能力的肯定。

测试盟友或敌人：在旅途中面临各种考验，结识盟友，或成为敌人。这个过程中，人物关系图谱逐渐丰满，各种人物个性也展现出来。

接近深层洞穴：靠近终极战争，发挥智慧进行准备。

严峻的考验：最激烈的战斗，表面看是终极考验的决斗，其实不是。

得到嘉奖：在大战中得胜，带着胜利果实回返。

回去的路：这里才是最终极的考验，胜利果实被夺走，决战。

复活：最终胜利。

满载而归：返回原来的世界后，带来了某些变化，个人得到了成长，或外在世界建立了新的秩序。

在12个环节中，最能体现价值变化的是"与智者相遇""复活"两个环节。"与智者相遇"带来了智者的教化指点，而"复活"则一般是主人公靠自己涅槃重生获得新的价值体系。

而最容易被忽略的是"回去的路"这个环节，要注意主人公不能一次性成功。就如同《西游记》，四人要经历九九八十一难，而最后一难是成功的假象。只有辨清真相，故事的最后才能取得真经。

（4）短视频适合用哪种模板

短视频因为简短，并不能展开长篇大论的故事铺排。但麻雀虽小、五脏俱全，短视频作为视频的一种，讲故事也应该具有故事必需的要素。其中，要谨记"变化""价值"两个关键点，缺一不可。

那么，以上几个故事模板，短视频适合哪个呢？建议以愿望—阻碍—实现的三段式模板为主，因为这个模板更方便理解和应用。在此基础上，吸收三幕剧的理论基础，并根据实际情况在英雄之旅的12个环节之中抽取可用环节进行增补，这样可以让故事更加丰富。

如，主人公一早要出发去参加高考（愿望），但一出门就遇到了大雨（阻碍）。没关系，一个过路的好心人将他送到了考场，考试顺利完成（实现）。在这个三段式模式中，三个点都采用了最简单的形式。而如果从英雄之旅中采撷一点来用，比如加上"拒绝和抵触""与智者相遇"：本来就复习得不好，遇到大雨更觉得运气不佳，心想是不是天气也不让自己去考试？这时，过路的好心人（智者）来劝他：你看，下雨是自然规律，人力无法阻止；但去考试却是你自己的事，别人也阻止不了你想实现梦想的愿望。

如果犹嫌单薄，还可以继续加料，比如加一个"测试盟友或敌人"：

在大雨中前进时，另一名同学出现了，他坐在父亲的小轿车里，远远地看着像是在嘲笑自己。主人公很自卑。但这时，轿车来到了身边，同学邀请他一起坐车去考场。在同学的帮助下，他更快、更顺利地抵达了考场。

这时，故事就因为这些"加料"而变得更加丰富生动。如此，我们也更容易理解，学习各种理论和模板，或许不能全盘照搬，但是却可以"弱水三千，只取一瓢饮"，可以进行跨界融合，可以灵活地将各类方式进行组合使用，这将会让你的故事收到出其不意的好效果。

参考文献

[1] 闫春红. 从零开始学视频文案创作. 北京：化学工业出版社，2021.

[2] 头号玩家. 零基础玩转短视频. 天津：天津科学技术出版社，2019.

[3] 刘军强. 写作是门手艺. 桂林：广西师范大学出版社，2020.

[4] 陈国钦. 纪录片解析. 上海：复旦大学出版社，2019.

[5] 马季. 相声艺术漫谈. 广州：广东人民出版社，1980.

[6] 路遥. 平凡的世界. 北京：北京十月文艺出版社，2021.

[7] 余华. 活着. 北京：作家出版社，2012.

[8] 曹雪芹. 红楼梦. 北京：人民文学出版社，2019.

[9] 斯蒂芬·盖斯. 微习惯：简单到不可能失败的自我管理法则. 桂君，译. 南昌：江西人民出版社，2016.

[10] 池昌海. 现代汉语语法修辞教程. 杭州：浙江大学出版社，2021.

[11] 狄更斯. 双城记. 肖楠，译. 海口：南海出版公司，2018.

[12] 朱自清. 背影. 杭州：浙江人民出版社，2021.

[13] 鲁迅. 鲁迅散文经典. 南昌：二十一世纪出版社集团，2016.

[14] 谭学纯，濮侃，沈孟璎. 汉语修辞格大辞典. 上海：上海辞书出版社，2010.

[15] 艾青. 艾青诗选. 北京：人民文学出版社，2018.

[16] 罗伯特·麦基. 故事：材质、结构、风格和银幕剧作的原理. 周铁东，译. 天津：天津人民出版社，2016.

[17] 何郁. 人民日报教你写好文章金句与使用. 北京：人民日报出版社，2022.